Le Baiser

Denise Medico-Vergriete
en collaboration avec
Joseph J. Lévy

Le Baiser

Stanké

Données de catalogage avant publication (Canada)

Medico-Vergriete, Denise

Le baiser

ISBN 2-7604-0679-2

1. Baisers. 2. Baisers - Aspect psychologique. I. Levy, Joseph Josy,
1944- . II. Titre.

GT2640.M42 1999   394   C99-940962-X

Couverture: Les Éditions Stanké (Daniel Bertrand)

Infographie: Composition Monika, Québec

© Les Éditions internationales Alain Stanké, 1999

Dépôt légal: Bibliothèque nationale du Québec, 1999

ISBN 2-7604-0679-2

Les Éditions internationales Alain Stanké remercient le Conseil des Arts du Canada et la Société de développement des entreprises culturelles (SODEC) de l'aide apportée à leur programme de publication.

Canada *Nous reconnaissons l'aide financière du gouvernement du Canada par l'entremise du Programme d'Aide au Développement de l'Industrie de l'Édition (PADIÉ) pour nos activités d'édition.*

Les Éditions internationales Alain Stanké
615, boul. René-Lévesque Ouest, bureau 1100
Montréal   H3B 1P5
Tél.: (514) 396-5151
Télécopie: (514) 396-0440
Courrier électronique: editions@stanke.com

IMPRIMÉ AU QUÉBEC (CANADA)

*J'ai songé à rédiger mes notes dans un ouvrage in-
titulé «Contribution à la théorie du baiser, dédié à
tous les tendres amants». [...] Si l'on veut donner
une classification du baiser, on peut choisir entre
plusieurs principes. On tient compte du bruit.
Malheureusement, le vocabulaire est trop pauvre
pour rendre mes observations. [...] On peut aussi
partir du contact et distinguer le baiser tangeant
ou en passant, et le baiser ventouse. Ou encore,
tenir compte de la durée plus ou moins longue et
distinguer le baiser furtif et le baiser prolongé. Le
temps offre encore une autre classification, à dire
vrai la seule qui me plaise. On distingue alors
entre le premier baiser et tous les autres. Il n'y a ici
aucune mesure avec les données des autres clas-
sifications; le bruit, le contact, la durée y sont
indifférents. Le premier baiser est cependant qua-
litativement différent de tous les autres. Bien peu
s'en avisent; il serait regrettable qu'il n'y eût pas
quelqu'un pour y penser.*

Sören Kierkegaard, *Journal d'un séducteur*

Introduction

Le monde vibrera comme une immense lyre
Dans le frémissement d'un immense baiser.

Arthur Rimbaud, *Poésies*

En 1996, un fait divers défraya les manchettes de la presse internationale. Jonathan Prevette, un petit garçon de six ans, fut accusé de harcèlement sexuel pour avoir embrassé sur la joue une de ses compagnes de classe, semble-t-il sans sa permission. Il affirma qu'il l'aimait bien et qu'elle lui avait demandé de l'embrasser. Suspendu pour quelques jours des activités de l'école, dont une dégustation de crème glacée, son cas souleva de nombreuses discussions quant à la portée de son geste et ses conséquences sociales et juridiques.

Plus récemment, en 1998, dans le contexte du scandale Lewinsky, le porte-parole du président Clinton démentit une information voulant que la Maison-Blanche concoctait une nouvelle stratégie pour expliquer la relation entre la stagiaire et le Président. Certes, ils avaient eu des contacts physiques, mais ils s'étaient arrêtés au baiser, un geste plutôt anodin.

Ces deux exemples illustrent les connotations essentiellement sexuelles que le baiser a pris dans le contexte contemporain. Mais cela n'a pas toujours été le cas. En effet, le baiser est empreint des préoccupations propres à chaque civilisation, à chaque époque, qu'elles soient mystiques, affectives ou érotiques, comme le suggèrent les études menées sur cette thématique à partir de la fin du XIXᵉ siècle.

Les anthropologues ont ainsi montré que le baiser obéissait à des formes diverses et que ses fonctions et ses significations étaient loin d'être universelles. Inscrites dans des matrices culturelles qui en orientent l'expression, il échappe à des déterminants strictement comportementaux et biologiquement fixés. Dans les sociétés occidentales, les premières études sur le maraîchinage, une coutume paysanne basée sur le recours au baiser comme forme d'expression sexuelle prémaritale, mettait en relief les rituels variés qui structuraient son usage, une perspective approfondie dans la recherche de Yannick Carré sur le baiser au Moyen Âge. Celle-ci montrait également sa fonction rituelle dans la confirmation des rapports sociaux liés à la féodalité. Les articles de la revue *Autrement*, qui publiait en 1997 un ouvrage sur ce thème avec la collaboration de chercheurs en sciences humaines, d'écrivains et de critiques d'art, abordaient les différentes facettes du baiser. Cet ouvrage complétait un petit livre vulgarisant une thèse de médecine, la *Petite encyclopédie du baiser*[1], parue quelques années plus tôt.

Source d'inspiration poétique et religieuse, le baiser occupe par ailleurs une place privilégiée dans la littérature. Le professeur danois Nyrop a dégagé, dans un ouvrage paru en 1901, les nombreux référents qui l'entourent et

---

1.   MOURIER, M. et TOURNIER, J.-L. *Petite encyclopédie du baiser*, Lausanne, Favre, 1984.

qui couvrent le registre des sentiments. Il est ainsi signe d'amour, d'affection, de protection, de séparation et de rédemption, mais il peut être source de danger et d'ensorcellement. La fonction et l'effet du baiser varient selon l'intention et les qualités du donateur. Celui d'un être aimant contribue à la vie, la santé et le bonheur, tandis que ceux d'un être surnaturel et malveillant apportent le malheur, la destruction et la mort, thèmes majeurs que l'on retrouve dans la poésie populaire, l'univers des contes et des fables de plusieurs pays. Plus récemment, Ruth Gooley consacrait son travail à l'étude des métaphores du baiser dans la poésie de la Renaissance, montrant leur évolution et leurs rapports avec les thèmes de l'amour et de la mort.

À ces recherches sur les rituels, le folklore et la littérature viennent s'ajouter celles sur les comportements des individus. Dans les années cinquante, Kinsey et ses collègues se penchèrent sur le rôle du baiser dans les scénarios sexuels de la population américaine, en mesurant sa fréquence selon les groupes socio-économiques et en répondant essentiellement à deux questions : qui a fait quoi et à quel âge ? Cette approche, qui continue d'alimenter les recherches sexologiques actuelles, illustre comment le baiser s'inscrit dans la mise en place de l'identité sexuelle, la découverte de la sexualité et du savoir-faire nécessaire à l'établissement des relations amoureuses.

Ces travaux, utiles à la compréhension du baiser, restent néanmoins écartelés entre deux pôles d'apparence irréconciliables : la dissection de ce comportement, le plus souvent statistique, d'une part, et l'étude de ses représentations et des rituels qui lui sont associés, essentiellement à partir de textes littéraires ou historiques, d'autre part. Les recherches ignorent pratiquement la façon dont les individus, hommes et femmes, font l'expérience concrète du baiser ainsi que la manière dont ils l'intègrent à leur vie intime et érotique. C'est là l'objectif essentiel de cet ouvrage

qui tente de saisir les composantes du baiser profond, le
French kiss, qui constitue aujourd'hui l'une des formes dominantes de cette conduite.

Pour explorer ces dimensions, plusieurs méthodes
complémentaires ont été privilégiées. En premier lieu, près
de deux cents collégiens montréalais des deux sexes ont
rédigé de brefs essais sur leur premier baiser. L'analyse de
leur contenu a permis de dégager les thèmes essentiels qui
ont servi par la suite de canevas d'entrevues auprès d'étudiants du Québec et de Suisse. Ces entretiens, dont plusieurs extraits seront cités dans cet ouvrage, ont servi à la
construction d'un questionnaire comprenant des questions ouvertes et fermées qui a été distribué à 370 étudiants universitaires de ces deux pays.

Ces enquêtes ont permis de recueillir des informations concernant les expériences liées au premier baiser,
les émotions, les sensations physiques, les attentes et les
craintes qui entourent ce moment. Elles ont également
apporté un éclairage nouveau sur les symboles et les significations du baiser, ainsi que sur les différentes dimensions
qui articulent et déterminent ses représentations contemporaines: amour, relation, communication, et sexualité.

Pour mieux comprendre l'originalité de ces expériences et de ces représentations, nous les avons situées
dans le contexte de l'évolution des espèces et de l'individu,
ainsi que dans une perspective transculturelle et historique. De cette façon, il a été possible de mieux saisir les
continuités et les ruptures associées à cette gestuelle.

À cette fin, de nombreuses sources ont été consultées:
ouvrages historiques, anthropologiques, sociologiques;
dictionnaires liturgiques, catholiques, protestants, juifs;
manuels érotiques chinois, hindous, arabes; récits ethnologiques; poésie, romans et textes érotiques; dictionnaires
des superstitions, du savoir-vivre, des citations et de la

bêtise; analyses d'œuvres cinématographiques, littéraires, historiques; recherches à partir de mots clés sur Internet et étude des sites principaux pour saisir le futur du baiser. Ces informations, souvent parcellaires, ont permis de reconstituer une cartographie qui sert d'arrière-fond à la compréhension du baiser chez les jeunes d'aujourd'hui.

Nous commencerons donc par un voyage exploratoire au sein des sociétés traditionnelles et des grandes civilisations pour y goûter toutes les lèvres du monde. Nous verrons les différentes théories sur les origines, puis les manières dont le baiser est représenté et se donne dans les cultures traditionnelles, en Orient, dans les civilisations grecque et romaine, puis dans les mondes juif, chrétien et arabe.

Nous ferons ensuite un deuxième voyage, cette fois au sein de la civilisation occidentale, à partir des derniers siècles du Moyen Âge. Nous cernerons les conceptions de l'amour courtois et la place du baiser dans la société féodale parmi les prêtres, les laïcs et les nobles. Nous dégagerons la façon dont le baiser a été chanté pendant la Renaissance puis représenté au siècle des Lumières, la période romantique et dans le cinéma avant d'envisager les conduites du baiser telles qu'elles se dessinent à partir des recherches contemporaines sur cette question.

Puis, nous nous pencherons sur le premier baiser chez les étudiants universitaires. Tendre souvenir ou gênante maladresse, que vivent ces jeunes à ce moment et quelle place ce geste occupe-t-il dans leur dynamique relationnelle et amoureuse?

Leurs représentations actuelles du baiser, la place de l'amour et de l'érotisme seront soulevées dans l'avant-dernier chapitre où nous analyserons si les symboles d'antan sont encore vivaces. Baisers féminins, baisers masculins, nous indiquerons ce qui les sépare pour ensuite nous interroger sur le rôle du baiser dans la dynamique de la relation de couple.

Nous terminerons ce panorama sur un aperçu du «cyberbaiser» qui nous entraînera dans les méandres virtuels de sites où des bouches anonymes – reflets des fantasmes les plus cachés – s'offrent aux internautes.

Nouvelle libération ou aliénation définitive, nous nous interrogerons sur les effets de cette technologie sur le baiser.

CHAPITRE I

Toutes les lèvres du monde

Lorsque les Thonga virent pour la première fois des Européens s'embrasser, ils rirent et s'exprimèrent : « Regardez-les, ils se mangent la salive et la saleté ! »[1]

À l'instar de Charles Darwin, parti autour du monde pour explorer et recueillir des échantillons d'espèces différentes, nous explorerons ici les origines et les différentes manifestations du baiser. Son rôle dans le monde animal ainsi que les théories sur son évolution dans l'espèce humaine seront abordées. Les principales hypothèses psychologiques avancées pour en expliquer les origines seront également dégagées. Nous découvrirons ensuite ses expressions, tant sociales qu'érotiques, dans les sociétés traditionnelles avant de nous pencher sur sa place dans les sociétés orientales et celles plus proches de nous, comme les sociétés gréco-romaines, les traditions juives, chrétiennes et arabes qui ont influencé de façon significative l'héritage symbolique et érotique du monde occidental.

---

1.   FORD, C.S. et BEACH, F.A. *Patterns of Sexual Behavior*, New York, Harper & Brothers and Paul B. Hœber, 1951, p. 49. Traduction des auteurs.

Petite histoire naturelle du baiser

> Lors de la création du monde, les baisers et l'amour cruel furent créés.
>
> Chanson populaire chypriote

Qui n'a pas déjà observé deux oiseaux se frotter le bec ou deux petits chiens se lécher le museau, comportements qui nous rappellent spontanément les baisers humains. Ces observations rejoignent celles des éthologistes qui, étudiant le registre des conduites des animaux et, souvent par extension, des humains, ont retrouvé ces préfigurations du baiser dans plusieurs espèces animales. Ils ont ainsi observé que les contacts bec-à-bec entre mâles et femelles dans certaines espèces de perroquets africains, chez les corbeaux et d'autres types d'oiseaux, servaient de préliminaires à la copulation ou à la réconciliation. Les contacts de museau à museau des mammifères semblent avoir les même fonctions. Les éléphants mâles introduisent le bout de leur trompe dans la gueule de la femelle avant le coït, tandis que le mâle de la souris domestique lèche délicatement la bouche de la femelle[2].

C'est cependant chez les primates, en particulier parmi nos cousins les plus proches, comme les chimpanzés ou les bonobos, que les contacts des bouches se rapprochent vraiment de la forme et de la signification du baiser humain par ses composantes sociales et sexuelles. Dans un livre, sur les expressions des émotions chez l'homme et les animaux, publié en 1881, Darwin rapportait qu'un gardien de parc zoologique avait observé la présence de ces contacts parmi les chimpanzés.

> «M. Bartlett m'a rapporté la conduite que tinrent deux chimpanzés [...] lorsqu'on les mit ensemble pour la

---

2.   Comportements rapportés par FORD et BEACH, *ibid.*

première fois: ils s'assirent en face l'un de l'autre, amenè-
rent au contact leurs lèvres fortement avancées, et chacun
d'eux plaça sa main sur l'épaule de son compagnon; puis
ils se serrèrent mutuellement dans leurs bras[3].»

Des comportements ressemblant au baiser ont également été observés lors des rapports sexuels, bien qu'ils ne
soient pas très courants[4]: lors du coït, la femelle chimpanzé tourne sa tête vers le mâle et lui tend ses lèvres. Leur
lèvres se touchent alors, et le mâle peut même sucer celles
de sa partenaire.

Les travaux contemporains de primatologues[5] confirment la présence de tels comportements en milieu naturel
et les expliquent dans différents contextes. Lorsque les
chimpanzés veulent se réconcilier ou se consoler, les femelles se donnent des baisers sur le bras et la bouche et les
mâles s'embrassent après un conflit. La fréquence des baisers dépend par ailleurs du contexte de la relation. Ainsi,
ils sont plus fréquemment échangés à la suite d'un conflit
entre deux individus, et ce surtout chez les mâles. Ces
comportements pacificateurs seraient des prototypes du
baiser humain, dont une des utilités semble justement
être la réconciliation[6]. Dans une même perspective, des
travaux menés sur le langage par signes chez les primates
ont permis d'observer un curieux comportement. Un
jeune chimpanzé que son professeur sermonnait en raison

---

3. DARWIN, C. *L'expression des émotions chez l'homme et les animaux*, Bruxelles,
   Éditions Coplexe, 1981, p. 229-230.

4. Observations rapportées par FORD et BEACH, *op. cit.*

5. Nous présentons ici quelques résultats issus de l'étude de DE WAAL, F.
   De la réconciliation chez les primates, Paris, Flammarion, 1992.

6. Cette signification est largement illustrée dans les récits bibliques,
   comme dans la Genèse 45, 15, lorsque Joseph retrouve ses frères: «Il
   embrassa tous ses frères et les couvrit de larmes, puis ses frères s'entre-
   tinrent avec lui.» (TOB). On en retrouve quelques traces également dans
   l'histoire, comme la fameux «baiser Lamourette», par lequel l'Abbé du
   même nom entendait réconcilier l'Assemblée législative du 7 juillet
   1792.

de son indiscipline et qui voulait vraisemblablement faire
la paix a répondu en utilisant le langage des signes qu'il
avait appris: «désolé, on s'embrasse?».

Chez les primates le baiser prend également une signification directement sexuelle, comme c'est le cas chez
les bonobos. Cette espèce largement étudiée et dont la particularité est d'avoir une activité sexuelle élaborée et fré-
quente, fait preuve d'un répertoire qui ressemble d'ailleurs
étonnamment à celui des humains: elle pratique la copulation face à face et donne des baisers profonds.

Si l'évolution semble avoir amené les humains à utiliser la bouche comme une zone érogène, la question du
pourquoi et du comment demeure. Deux facteurs auraient
alors agit en synergie. Le premier serait l'importance de
l'interaction face à face, relation qui met en valeur les yeux
et la bouche, en particulier lors du rapport sexuel. Ainsi,
l'évolution du baiser serait une complexification de gestes
primitifs impliquant la bouche: il aurait participé, en
même temps que le langage, à approfondir la communication érotique dans le couple. Le second facteur serait la
sensibilité nerveuse très développée de la région buccale
qui la prédestinait à ces comportement érotiques. Une
double assise, à la fois relationnelle et physiologique,
marque donc ce geste.

Les psychologues, les éthologistes et les psychanalystes ont par ailleurs avancé de nombreux scénarios pour
expliquer l'importance de ce contact. Ainsi, les divers types
de baisers, sexuels et non sexuels, auraient une seule et
même origine qui impliquerait les sens du goût, du toucher et de l'odorat. À partir de ces échanges sensoriels, le
comportement aurait évolué en un geste de baiser tel que
nous le connaissons et se serait cristallisé alors même que
sa fonction première, encore obscure, disparaissait. Les
comportements d'alimentation ne seraient pas non plus

étrangers à ce développement, constituant même pour certains l'origine du baiser.

Aussi, les hypothèses les plus anciennes conçoivent le baiser comme une réminiscence de comportements alimentaires préhistoriques. Lombroso, l'un des tout premiers criminologistes, base sa perspective sur l'observation du nourrissage des petits enfants de la Terre de Feu[7]. Les gestes que faisaient les mères de cette région du globe très isolée seraient, à ses yeux, ceux de nos ancêtres et à l'origine du baiser. Les aborigènes de la Terre de Feu n'avaient pas d'ustensiles pour boire ; ils se servaient soit d'une paille dans laquelle ils aspiraient l'eau, soit ils la lapaient directement. Pour donner de l'eau aux enfants qui étaient trop jeunes pour boire seuls, les mères remplissaient leur propre bouche et transféraient le liquide directement dans celle de l'enfant, créant ainsi un contact intime, bouche contre bouche.

L'explication d'Havelock Ellis[8], un pionnier de la sexologie, va dans le même sens. Ainsi, les impulsions d'affection que les parents et les petits enfants ressentent les uns envers les autres seraient à l'origine du baiser. Ces impulsions réapparaissent dans des situations d'excitation sexuelle à l'âge adulte[9]. Pour cet auteur, elles correspondraient à un comportement préhistorique sadique et anthropophage dont les morsures amoureuses constitueraient les dernières traces actuelles. Il attribue à la morsure

7. Élément rapporté par TABORI, P. *A Pictorial History of Love*, Londres, Spring Books, 1966.

8. ELLIS, H. *Studies in the Psychology of Sex, volume I*, New York, Random House, 1942.

9. Certains éléments de notre étude sur une population étudiante semblent corroborer cette hypothèse. Il semble en effet que la langue et la bouche jouent un rôle déterminant dans l'excitation sexuelle et que le baiser se vive sur le mode de la pulsion. Certains nous ont parlé du besoin qu'ils ressentent de lécher et d'embrasser la peau de leur partenaire pour faire monter leur niveau d'excitation. D'autres disaient commencer spontanément à lécher leur partenaire lorsqu'ils ressentent du désir. Voir chapitre IV pour une analyse plus détaillée.

une origine animale et sexuelle, les dents servant au mâle à maintenir la femelle pendant l'accouplement.

La troisième hypothèse, quant à elle, l'envisage comme un reste de ce que l'on appelle savamment le *sniffing animal*. De façon plus triviale, ce comportement s'observe lorsque deux chiens se rencontrent. Ils commencent généralement par se sentir mutuellement avant d'entamer d'autres approches. Selon cette hypothèse, le baiser offrirait une occasion, par le rapprochement des corps, de sentir l'odeur du partenaire. Les comportements de certains peuples, comme les Mongols ou les Inuit qui se frottent le nez, en prouveraient le bien-fondé. Aussi, lorsqu'un membre de la tribu des Chittagongs, qui habitent la Birmanie, se meurt d'amour pour une belle de sa région, il ne lui dit pas «embrasse-moi», mais plutôt «sens-moi».

Plusieurs auteurs enfin, qu'ils soient éthologistes ou psychanalystes, expliquent les origines du baiser par l'ontogénèse de l'enfant. Pour les uns, il est un analogue humain du réflexe de fouissement animal, réflexe qui permet aux mammifères nouveau-nés de trouver le mamelon. Il se transforme en exploration buccale dès le quatrième mois. Puis, grâce à un jeu de préhensions et de «morsures» contrôlées entre la mère et le bébé, les limites entre le soi et la mère se dessinent peu à peu. À partir du sixième ou septième mois cette pulsion d'attraper avec la bouche deviendra alors «un comportement de bouche ritualisé, structurant l'expression du désir entre deux partenaires[10]».

Pour les psychanalystes freudiens, les baisers constitueraient des survivances de complexes infantiles qui renverraient à l'époque où l'enfant suçait le sein maternel. Le rôle fondamental et fondateur de la bouche et de l'oralité a

---

10. CYRULNIK, B. «Rites et biologie. La ritualisation des comportements de bouche», in *Dialogue. Recherches cliniques et sociologiques sur le couple et la famille*, 1er trimestre, 1995, p. 22-29, extrait de la p. 24.

été relevé très tôt par Freud dans *Trois essais sur la sexualité*, publié en 1905. Selon cette théorie, les pulsions sexuelles du très jeune enfant s'étaient d'abord sur l'alimentation qui est sa principale source de plaisir. La zone orale va alors constituer la zone érogène principale et celle où se jouent les processus de formation de l'objet. Première expression du lien affectif, la zone buccale conserverait par la suite cette fonction lors du baiser. Pour Spitz[11] la bouche est la «cavité primitive» qui sert de point de départ aux démarcations que place l'individu entre son corps et l'extérieur, entre le soi et le non-soi.

À la suite de ces idées, Golse[12] donne une interprétation psychanalytique du baiser entre l'enfant et sa mère. Celui-ci jouerait le rôle d'un «précurseur corporel de la dénégation». En d'autres mots, avant que le bébé n'ait formé d'objet libidinal et, corollairement, n'ait constitué de limite nette entre le dedans / soi et le dehors / autre, le baiser préfigure cette même limite et contient en germe cette dualité pulsionnelle de base: pulsions de vie / pulsions de mort, incorporation / rejet. Concrètement, il se divise en deux temps: dans le premier les lèvres vont chercher l'autre, elles jouent avec un dehors qu'elles éjectent en même temps qu'elles l'incorporent; puis, dans un second temps, les lèvres se font molles, se relâchent et marquent ainsi un repli sur soi et une acceptation symbolique de l'inclusion, de la pénétration. C'est donc par cet enchaînement du dedans-dehors que l'enfant, à partir des premiers comportements nutritionnels jusqu'au baiser, apprendra à intégrer son rapport à l'autre.

---

11. SPITZ, R. *De la naissance à la parole. La première année de la vie*, Paris, Presses Universitaires de France, 1979 (6ᵉ éd.).

12. GOLSE, B. «Histoires de bouches», in G. Cahen (éd.), *Le baiser, premières leçons d'amour*, Paris, Autrement, 1997, p. 90-100. Également: GOLSE, B. «Du baiser», in *Insister, exister. De l'être à la personne*, Paris, Presses Universitaires de France, 1990. Hormis chez cet auteur, nous n'avons pas retrouvé un grand intérêt pour le baiser dans la littérature psychanalytique et psychologique.

Quoi qu'il en soit de la véracité de ces hypothèses, que le baiser soit une réminiscence de comportements préhistoriques ou le fruit d'un développement individuel ayant germé dans les bras maternels, des conditionnements socioculturels complexes en modulent l'expression et la signification. Et c'est à ces différents baisers que la seconde partie de ce chapitre se consacrera, par l'étude de ses variations culturelles.

Le baiser dans les sociétés traditionnelles

Les études ethnologiques ayant étudié les mœurs des sociétés traditionnelles[13] n'ont pas fourni de données transculturelles solides et comparables sur le baiser. Elles se sont le plus souvent contentées d'observations éparses et peu précises qui rendent difficile une analyse nuancée de son rôle et de ses significations dans les rapports sociaux et interindividuels. Néanmoins, il est possible de dégager trois grandes tendances: premièrement, le baiser n'est pas universel et ses formes sont multiples; deuxièmement, les rapports entre les donneurs et les receveurs suivent généralement les lignes de parenté ou les liens de mariage; et troisièmement, ses significations sont multiples, suivant les conceptions plus générales du monde et des relations interpersonnelles.

Les société traditionnelles cultivent chacune des formes différentes du baiser, et ces techniques gestuelles s'inscrivent dans une continuité qui va du baiser bouche à bouche avec échange de salive au baiser olfactif, en passant par le léger effleurement des lèvres sur la joue ou d'autres parties du corps. Le baiser bouche à bouche,

---

13. Par «sociétés traditionnelles» nous entendons toutes les sociétés qui utilisent l'oral comme principal moyen de transmission du savoir. Elles se caractérisent généralement par une taille restreinte et l'utilisation de technologies peu développées.

incluant l'usage de la langue, ne semble pas aussi courant que nous pourrions le supposer. Il n'est rapporté que dans vingt et une des cultures étudiées par Ford et Beach[14], notre société mise à part. D'autres anthropologues ont aussi observé des techniques fort particulières qui font appel à la succion et au transfert des salives. Les Trobriandais des îles du Pacifique Sud, les habitants des îles Truk en Océanie, certaines tribus d'Amérique du Nord et de l'Est de l'Inde pratiquent cette forme intense de baiser: ils se sucent la langue, puis se transfèrent la salive d'une bouche à l'autre. Le contact entre les bouches peut aussi se compléter par le frottement simultané du nez, comme c'est le cas chez les Lapons du Nord de l'Europe ou chez les Tamouls de Ceylan qui se frottent le nez et se lèchent réciproquement la bouche et la langue. Le baiser strictement lingual, où seules les langues se caressent, constitue aussi une conduite rapportée dans certains groupes, ainsi que d'autres formes encore, comme celle des Waikas appartenant au groupe ethnique des Yanoamas de l'Orénoque, qui lèchent les lèvres de leur partenaire.

Le contact peut porter sur d'autres parties du corps, la joue, la tête ou le front et ce, dans un contexte public ou privé. Ainsi des baisers sur la joue et la tête ont été observés chez les Waitapurin et les Koukoukoukous en Papouasie. Darwin considérait par ailleurs le frottement des nez, des bras ou des poitrines comme des substituts au baiser.

Le baiser olfactif constitue une autre forme très répandue, comme en Mongolie, parmi les tribus des collines du Sud-Est indien, dans plusieurs groupes africains, chez les Inuit et les Indiens Blackfeet d'Amérique du Nord. En Gambie par exemple, les hommes saluent les femmes en plaçant le dos d'une des mains de ces dernières sous leur

---

14. FORD et BEACH, *op. cit.*

nez et en la sentant à deux reprises. Les Tinguians des Philippines placent leurs lèvres près du visage de leur partenaire et inspirent fortement, et à Bali, où le baiser tel que nous le pratiquons est inconnu, «les amants rapprochent leurs visages pour goûter le parfum de leur partenaire et la tiédeur de sa peau, en agitant doucement la tête[15]».

Dans un numéro du *Journal of The Anthropological Institute* de 1889, H. Ling Roth rapportait un des rares baisers amérindiens observés:

> «Lorsque Pluie-au-visage a été capturé, les officiers blancs qui étaient présents ne pouvaient en croire leurs yeux puisqu'ils ne leur avait été donné d'assister à un baiser indien qu'une seule autre fois: son frère s'est approché de lui et lui donna un baiser. Le baiser indien n'est pas très démonstratif. Les lèvres sont déposées doucement sur la joue et ce geste ne s'accompagne d'aucun son ou mouvement. Ce fut seulement en cette grave occasion que le chef se laissa aller à une telle démonstration de sentiments[16]».

Les relations entre les donneurs et les receveurs sont définies essentiellement par les rapports de parenté qui constituent l'armature centrale dans l'organisation sociale des groupes traditionnels. Si le baiser entre une mère et son enfant semble universel, il n'en est pas de même dans le cadre des autres catégories de liens sociaux. À Samoa, par exemple, les parents peuvent embrasser leurs enfants même adultes, mais ne peuvent pas échanger ces caresses entre eux. Quant aux baisers entre frères et sœurs, ils peuvent être modulés par les interdits entourant l'inceste qui entraînent ainsi l'évitement de toute proximité physique. Cette interdiction peut survenir aussi entre belles-mères et

---

15. HENRIQUEZ, F. *Panorama de l'amour à travers les civilisations*, Paris, La Table Ronde, 1959, p. 144.

16. Traduction des auteurs.

gendres ou beaux-pères et belles-filles, renforçant de façon particulière les tabous contre l'inceste.

Ses significations obéissent à des référents multiples. Signe d'une relation intime, le baiser profond peut appartenir aux préliminaires érotiques et se continuer dans la relation sexuelle, comme c'est le cas dans plusieurs groupes d'Amérique du Sud, du Nord et de l'Océanie. À part sa finalité érotique et affective, il peut servir de marque de salutation ou de remerciements comme c'est le cas chez les Waikas, ou encore être un signal de réactivation d'un lien social après une séparation.

En complément aux fonctions sociales, il peut aussi prendre des connotations superstitieuses et magiques. Le folklore de plusieurs sociétés paysannes renferme de nombreuses croyances qui se prolongent au sein même des cultures les plus modernes. Présage de chance ou de malchance, le baiser aura des effets sur la vie et sur l'avenir des personnes concernées selon la relation et le statut entre les partenaires. Dans son *Livre des superstitions* Mozzani[17] rapporte quelques-unes des conceptions magiques qui accompagnent cette pratique. Donné librement par un enfant, il annonce une longue vie, mais s'il a été contraint son effet s'inverse. Il est également dangereux d'embrasser un enfant avant son baptême, car il appartient encore au diable. Un baiser échangé entre deux enfants avant qu'ils ne sachent parler risque d'affecter leur intelligence et l'expression de leur affectivité. Embrasser la mariée après la cérémonie et avant le marié favorise la chance. Une conception, encore répandue de nos jours, veut qu'une jeune fille vierge qui reçoit un baiser sur la bouche risque de tomber enceinte, alors qu'un homme qui embrasse sa belle-mère connaîtra probablement des

---

17. Mozzani, E. *Le livre des superstitions: Mythes, croyances et légendes*, Paris, R. Laffont, 1995. Voir aussi Nyrop, C., *The Kiss and its History*, London, Sands & Co., 1968 (4ᵉ éd.).

tensions avec son épouse. Dans les contes traditionnels, il tient également une place importante. Il permet de se transformer, de pardonner, de rompre un enchantement ou au contraire d'envoûter la personne qui le reçoit. Dans les contes pour enfants, le baiser d'une jeune fille douce et pure ne transforme-t-il pas un vilain crapaud en prince charmant? Et c'est aussi par un baiser que la Belle au bois dormant se réveille à la vie...

Notons également que la présence ou l'absence de ce geste dans le contexte sexuel ne semble pas dépendre de la permissivité sexuelle d'une société. Dans certaines îles polynésiennes où l'activité sexuelle était valorisée, le baiser était inconnu ou exprimé par sa variante olfactive avant l'arrivée des films occidentaux. De même, dans certaines régions de l'Irlande, où la sexualité était connotée négativement et se limitait au strict devoir conjugal, il n'était pas non plus très populaire il y a quelques décennies à peine[18].

Le baiser souffrirait de son association avec l'âme. Plusieurs tribus d'Afrique et d'autres aires culturelles croient par exemple que l'âme entre et sort par la bouche, et la pratique du baiser semble d'ailleurs plutôt rare en Afrique selon l'auteur d'*Éros Noir*[19].

Certains indices laissent également croire que les conceptions – encore mal connues – de la salive en tant qu'humeur corporelle, pourraient jouer un rôle significatif dans les représentations du baiser de diverses sociétés. Comme l'ont montré les travaux de l'anthropologue Françoise Héritier[20], les substances produites par le corps, comme le lait ou le sperme, présentent des connotations

18. TIEFER, L. *Sex Is Not a Natural Act and Other Essays*, Boulder, Westview Press, 1995.

19. DE RACHEWILTZ, B. *Eros Noir: mœurs sexuelles de l'Afrique de la préhistoire à nos jours*, Paris, Le Terrain vague, 1993.

20. HÉRITIER, F. *Masculin-féminin: la pensée de la différence*, Paris, Odile Jacob, 1996.

positives ou négatives qui interviennent dans la structuration des rapports sociaux et sexuels. Il en serait de même pour la salive. Les Thongas d'Afrique présentent un exemple intéressant qui semble corroborer cette hypothèse : ils furent plus qu'étonnés de voir les premiers Européens «se manger la salive et la saleté».

Dans les sociétés traditionnelles du Maghreb, les produits corporels comme la salive entrent dans des préparations de sorcellerie. Ils peuvent être recueillis et utilisés pour ensorceler la personne de laquelle ils proviennent, d'où le danger que peut représenter le contact buccal. De plus, la bouche, la langue et la salive ont des connotations symboliques et magiques importantes. Comme l'explique Chebel[21], spécialiste de la culture maghrébine, la salive introduit une certaine rupture dans l'édifice des représentations des sécrétions corporelles. En tant que substance, elle n'a aucun pouvoir effectif, mais elle est chargée de superstitions et de pratiques magiques. Elle est censée transmettre le souffle vital et les qualités de l'individu.

Dans la tradition musulmane la salive est considérée comme le corollaire du souffle spirituel ou de la transmission du pouvoir spirituel du maître au disciple. Dans les milieux traditionnels les mères consultent des individus qui ont réussi socialement, leur demandent des conseils pour l'éducation de leur enfant et de cracher dans la bouche de leur petit enfant. Mais la salive est un liquide ambivalent doué d'un pouvoir salutaire d'une part, il accentue d'autre part les expressions de dégoût, de mépris et de méchanceté.

La langue, instrument du baiser et de la parole, est également investie de représentations opposées qui lui

---

21. CHEBEL, M. *Le corps dans la tradition au Maghreb*, Paris, Presses Universitaires de France, 1984.

donnent un rôle ambigu. Elle est l'organe essentiel de la bouche, on lui attribue les bonnes et mauvaises paroles, et de là les bonnes et les mauvaises intentions. Si elle est l'interprète privilégiée du cœur, «sucrée», «mielleuse», «incandescente», elle peut au également se montrer «acerbe», «venimeuse», ou «nuisible», «médisante», «amère»[22].

Dans d'autres civilisations, la salive possède par contre une valeur résolument positive. Pour les Chinois par exemple, sa valeur positive accentue l'importance du baiser dans la sexualité puisqu'elle participe à l'atteinte de l'équilibre et de la santé.

Les anciennes sociétés orientales ont développé ce que Foucault[23] appelait une *ars erotica*. Cet art érotique se transmettait de maître à élève à travers une discipline et une initiation souvent secrète qui visait à amplifier la modulation des plaisirs en recourant à des techniques sexuelles complexes incluant celles du baiser. Il s'inscrivait ainsi généralement dans un ensemble de considérations qui dépassaient le cadre de l'érotisme et étaient d'ordres philosophique, religieux ou médical, appartenant ainsi à un réseau de référents sociaux, culturels et idéologiques complexes.

Les sutras du baiser dans la tradition indienne

La civilisation indienne est riche d'un passé profond aux racines plurielles et se compose de nombreux groupes religieux, ethniques et linguistiques. Elle donne une place certaine au baiser qui ne semble pourtant pas avoir été connu avant l'invasion des groupes aryens. Les études sur les textes les plus anciens, les *védas*, indiquent la prégnance d'un univers religieux marqué par les effets positifs ou

---

22. CHEBEL, *ibid.*, p. 39.
23. FOUCAULT, M. *Histoire de la Sexualité I, La volonté de savoir*, Paris, Gallimard, 1976.

négatifs des contacts physiques entre des individus ou avec des objets, d'où une modulation du baiser qui obéit aux règles d'évitement de la souillure[24].

Le baiser non érotique se donne essentiellement entre les membres de la famille. Dans les rituels du cycle de vie, le nouveau-né est embrassé sur la tête et reçoit son nom. Ce baiser rituel est associé à la transmission d'une partie de la personnalité du donneur, à travers son souffle et sa salive. Il est également utilisé lors des retrouvailles. Lorsqu'un homme revient à son foyer après une longue absence, il doit embrasser les pieds de ses parents, puis la tête de ses enfants à plusieurs reprises. Ainsi les relations d'amitié sont rétablies et renouvelées.

Il se donne également dans les relations de maître-élève, où il permet le transfert de la tradition et montre le respect. Le maître peut ainsi approcher sa bouche de celle de son disciple afin de lui transmettre le pouvoir des prières. De même, à la fin de la récitation des textes des *védas*, il est de coutume que l'élève embrasse les pieds de son maître en signe de respect.

La contribution de l'Inde à l'histoire du baiser se situe cependant surtout dans le champ de l'érotique, notamment grâce au célèbre *Kama Sutra* ou «Aphorismes sur le plaisir». Ce guide érotique écrit par Vatsyayana, un brahmane du IIIᵉ siècle de l'ère chrétienne, expose les subtiles techniques pour provoquer le désir, l'intensifier et le moduler, techniques qui exigent un apprentissage du raffinement des sens. Il présente des conseils concernant la séduction, le choix des partenaires et les différents gestes érotiques. Une section est réservée aux baisers, qui occupent diverses fonctions: éveiller l'amour ou exciter la passion, divertir, déclarer sa flamme, provoquer ou solliciter

---

24. GONDA, J. *Vedic Ritual: the Non-Solemn Rites*, Leyden, Pays-Bas, E. J. Brill, 1980.

une relation. Le manuel conseille de ne pas trop les multi-plier lors des premiers rendez-vous pour les privilégier par la suite en fonction d'une géographie corporelle de plus en plus étendue, ne se limitant pas aux lèvres ou à l'intérieur de la bouche, mais s'étendant aux parties du visage, à la poitrine, aux mains, aux cuisses pour descendre jusqu'aux doigts de pieds. Sa force dépend de la partie du corps ou il est appliqué, il peut être doux, tendre, modéré, serré ou pressé. L'*Anangaranga*, un autre traité érotique hindou, suggère la séquence suivante pour les embrassades:

> «Dans l'ordre des préférences, le baiser suit les étreintes et se pratique traditionnellement sur la lèvre inférieure, les yeux, les joues, le front; à l'intérieur de la bouche, sur les deux seins et dans le cou.»

Mais plus qu'une évocation sensuelle, les «Apho-rismes du plaisir» proposent une typologie détaillée: baiser nominal (sur la bouche, lèvres contre lèvres sans bouger); mouvant ou frémissant (la jeune fille presse entre ses lè-vres la lèvre inférieure de l'homme, l'introduit dans sa bouche et la suce); touchant ou frottant (elle touche avec sa langue celle de son partenaire, ferme les yeux et place ses mains dans celles de l'homme). Suivent les sortes de baisers selon la position de la tête et le jeu des lèvres: baiser droit ou de face, lèvres sur lèvres; penché ou oblique avec la tête penchée; tourné ou retourné; pressé, appuyé ou très appuyé[25].

Ces réflexions sur le baiser sont-elles encore en vi-gueur dans la société indienne? Il est difficile de répondre à cette question. Aujourd'hui le baiser est considéré en Inde comme un geste impudique qui ne doit pas s'échan-ger en public.

---

25. Voir également l'encadré en fin chapitre: «Le baiser dans tous ses états...» pour une description de certains types de baisers du *Kama Sutra*.

Le Tao du baiser et les estampes japonaises

Dans la civilisation chinoise, le baiser érotique occupe une place importante et se donne dans sa forme olfactive et tactile. Le baiser olfactif, appelé aussi baiser chinois, se déroule en trois séquences essentielles. Le nez touche d'abord la joue du partenaire, puis suit une longue inspiration nasale accompagnée d'un abaissement des paupières qui se termine par un léger bruit des lèvres sans que la bouche ne touche la joue[26]. Les premiers observateurs occidentaux, souvent des prêtres missionnaires, rapportaient que les Chinois ne connaissaient pas le baiser sur la bouche. Mais, si les prêtres n'en avaient jamais vu, c'était en raison du caractère extrêmement privé du baiser. En effet, celui-ci appartient exclusivement à la sphère érotique, il est une préparation à l'amour que la décence réserve à la chambre à coucher.

Comme la sexualité dans son ensemble, le baiser possède dans la vision taoïste une fonction essentielle : il capte et produit les énergies subtiles qui parcourent l'univers, et son microcosme, le corps humain. Si le confucianisme règle les rapports familiaux, les rites et les relations hiérarchiques, le taoïsme quant à lui cherche l'harmonie dans le rapport à la nature et à l'érotisme. Il établit une relation intime entre l'être humain et son environnement, considérés comme faisant partie d'un grand tout. Ce tout est sous-tendu par les interactions entre deux forces cosmiques complémentaires : le yin et le yang. C'est leur unification et leur harmonisation qui fondent le Tao – la voie ou la vertu. Le yin est une énergie féminine, réceptive, renvoyant aux éléments terrestres et aqueux, alors que le yang est masculin, actif, associé au ciel et aux éléments comme l'air, le soleil et le feu. Ces énergies parcourent le

---

26. CHU, V. *The Yin-Yang Butterfly, Ancient Chinese Sexual Secrets for Western Lovers*, New York, Jeremy P. Tarcher & Putnam Books, 1993.

corps humain, mais de façon différenciée. Le yin, inépuisable, se retrouve dans les substances humorales comme la salive, les sécrétions vaginales ou la transpiration, tandis que le yang, dont la quantité est limitée, se concentre surtout dans le sperme. Devant cette inégalité énergétique, l'homme se doit de conserver cette essence et de l'augmenter par des relations sexuelles répétées. Ainsi, il pourra absorber l'essence yin de la femme qui, une fois dans son corps, se transformera en essence yang. Grâce à cette stratégie, il pourra maintenir sa santé, accroître sa longévité, sinon atteindre l'immortalité.

Afin de favoriser la maîtrise de la vie sexuelle, les nombreux manuels érotiques qui règlent les «arts de la chambre à coucher» exposent de façon détaillée les approches sexuelles les plus conformes au Tao. Ces ouvrages ont fleuri pendant la période de l'Apogée de l'Empire, entre 590 et 1279 après J.-C., avant que la Chine ne devienne beaucoup plus prude et que la mystique sexuelle taoïste ne se transforme en une tradition secrète connue des seuls initiés. Ces ouvrages mentionnent les sources, ou fontaines, des trois fluides corporels présents dans l'organisme: *le pic du double lotus,* qui désigne les seins, *le pic de l'Agaric pourpre* qui renvoie au vagin ou au clitoris, selon les traductions, quant au troisième pic:

> «Le plus élevé s'appelle le Pic de Lotus Rouge [les lèvres]. Son fluide, la Source de Jade, jaillit de deux orifices situés sous la langue de la femme. Quand l'homme le caresse de sa langue, le liquide coule en abondance. Il est transparent et hautement bénéfique à l'homme[27].»

Le Tao de l'amour recommande de boire cet élixir plein de vertus. Il améliore la santé, renforce les énergies du corps et amplifie l'excitation sexuelle des hommes. Ses

---

27. CHANG, J. *The Tao of Love and Sex, the Ancient Chinese Way to Ecstasy,* New York, E.P. Dutton & Co., 1977, p. 100.

effets sur la santé des femmes ne sont cependant pas mentionnés.

À part sa fonction médico-magique, le baiser constitue un préliminaire érotique des plus essentiels car il sert à éveiller et activer les énergies yin chez la femme. L'un des maîtres taoïstes, Tong Hsuan, donne à ce sujet les conseils suivants :

> «Tous deux se trouvant dans la même disposition, ils s'étreignent et s'embrassent – corps rapprochés et lèvres sur lèvres appuyées. L'homme suce la lèvre inférieure de la femme, la femme suce la lèvre supérieure de l'homme. Ils se baisent, chacun se nourrissant de la salive de l'autre. Ou bien l'homme mordille doucement la langue de la femme, ou bien il lui ronge un peu les lèvres, il lui prend la tête dans les mains et lui pince les oreilles. Tandis qu'ils se tapoteront et baiseront ainsi, mille charmes se déploieront et les cent chagrins seront oubliés[28]».

L'influence taoïste chinoise ne semble pas avoir eu de répercussions sur l'usage et les significations du baiser dans la culture japonaise. Les références à cette caresse sont très rares dans le champ littéraire, bien qu'il soit représenté dans de nombreuses estampes, notamment de l'époque Edo. Au Japon, tout comme en Chine d'ailleurs, il ne se pratiquait jamais en public. Il était conçu comme un acte amoureux et érotique strictement réservé aux sphères intimes de la vie[29], exception faite des baisers de la mère à son jeune enfant. Mais en moins de deux générations, les coutumes occidentales se sont largement répandues, modifiant ainsi les expressions et représentations du baiser.

La philosophie du baiser: la Grèce antique

À la tradition mystique et médicale dominant la conception chinoise, vient s'opposer, dans le monde grec et

---

28. Van Gulik, R. *La vie sexuelle dans la Chine ancienne*, Paris, Gallimard, 1971, p. 166.
29. Lésoualc'h, T. *Érotique du Japon*, Paris, Henri Veyrier, 1978.

latin, une perspective plus littéraire et philosophique. Dans la culture grecque, le baiser de salutation sur la bouche était inconnu avant la seconde moitié du IVe siècle avant J.-C., mais cette coutume s'est ensuite largement imposée. Elle serait un emprunt perse après les conquêtes d'Alexandre le Grand ou un héritage égyptien. Le baiser sur la bouche a eu également à cette époque la faveur des amants de même sexe et devint l'objet de discussions philosophiques.

Dans la littérature grecque, le baiser remplit diverses fonctions. La poésie homérique, par exemple, le mentionne parfois, en particulier dans l'Odyssée. Il y marque essentiellement les retrouvailles. Aussi, lorsqu'un personnage secondaire, le porcher, retrouve Télémaque, il l'embrasse de manière exubérante sur le front, les yeux, les deux mains (16.14) et le couvre de baisers (16.20). Les marques d'affection d'Ulysse et de son épouse Pénélope sont par contre plus contrôlées (16.190). Lorsque celle-ci retrouve son époux, elle s'empêche d'aller courir embrasser ses mains et sa tête (23.85), tout comme Ulysse se retient lorsqu'il rencontre son père (24.235).

Dans les pièces de théâtre, les références au baiser se font plus tragiques, marquant une séparation généralement liée à la mort. C'est le cas de la mort des enfants, par exemple dans *Les Troyennes* d'Euripide avec la mort d'Astyanax (760, 1185), dans *Iphigénie à Aulis*, du même auteur, où Agamemnon demande des baisers à sa fille Iphigénie condamnée à mourir (677), tout comme cette dernière en réclame à son père dans une émouvante supplication :

> «Tourne les yeux vers moi ; donne-moi un regard, un baiser, pour que de toi j'emporte au moins en mourant ce souvenir, si tu demeures insensible à mes prières.» (1235).

Le baiser apparaît également dans le théâtre de Sophocle, comme dans *Œdipe à Colone*, lorsqu'Œdipe s'adresse à Thésée pour le remercier d'avoir sauvé ses enfants et qu'il lui dit: «Cher prince, tends vers moi ta droite, que je touche ton front, que j'y pose mes lèvres.» (1130). Aristophane y fait référence dans de nombreuses pièces, mais de façon plus comique. Dans *Les Guêpes*, par exemple, Strepsiade raconte avec émotion le désintéressement des amours filiales:

> «J'oubliais une chose: le plus agréable de tout, c'est quand je rentre à la maison avec mes appointements [...]. Ma fille me verse de l'eau pour ma toilette, elle me parfume les pieds, elle se penche pour me donner des baisers en m'appelant «mon cher papa» et, du bout de sa langue m'enlève de ma bouche une pièce de trois oboles.»

Parallèlement aux textes littéraires, la philosophie grecque s'interroge sur la portée du baiser au plan de l'éthique, de la liberté et de la maîtrise des passions. Cette réflexion constitue une nette césure dans l'histoire du baiser, introduisant une nouvelle dimension: celle de la morale et du contrôle de la sexualité. Ce geste pose, à l'instar des autres dimensions de la vie sexuelle, le problème des rapports entre l'acte et la constitution de l'être grec. En effet, pour les Grecs, la tempérance et le contrôle des passions étaient primordiaux[30]. Les préoccupations face aux *aphrodisia*, les choses de l'amour, s'inscrivent dans un ensemble de questionnements moraux et leur usage nécessite une attitude face à soi dans laquelle la maîtrise des passions est essentielle. Ce thème sous-tend également les usages du baiser.

L'œuvre de Platon comprend quelques pages sur le baiser et les conditions de son utilisation dans les amours

---

30. Comme l'a montré FOUCAULT dans ses deux ouvrages, *Histoire de la sexualité II, L'usage des plaisirs*, Paris, Gallimard, 1984 et *Histoire de la sexualité III, Le souci de soi*, Paris, Gallimard, 1984.

masculines[31]. Dans *La République*, le philosophe lui reconnaît une place particulière comme expression d'un rapport amoureux entre l'amant, plus âgé, et le jeune garçon (403b):

> «Tu poseras en loi dans la cité dont nous traçons le plan, que l'amant peut chérir, fréquenter, embrasser le jeune garçon comme un fils en vue d'une noble fin, s'il le persuade; mais que pour le reste, il doit avoir avec l'objet de ses soins des rapports tels que jamais on ne le soupçonne d'être allé plus loin s'il ne veut pas encourir le reproche d'homme ignorant et grossier.»

Compte tenu de ces normes, Platon (468b) n'hésite pas à en recommander l'usage avec les femmes et entre guerriers, lors des expéditions militaires à la fois comme signe de récompense pour un exploit sur le champ de bataille et comme élément de motivation à l'ardeur guerrière. Certains ont vu dans cette pratique, la présence d'une conception basée sur l'échange des souffles et donc des qualités de la personne. C'est pourquoi le meilleur combattant embrassait les futurs soldats pour leur transmettre par son souffle ses vertus et sa vaillance guerrière[32]. La transmission du souffle est d'ailleurs un thème qui semble remonter aux Égyptiens et que l'on retrouve dans le monde gréco-romain et tout au long du Moyen Âge.

À l'inverse, Xénophon traite le baiser de façon plus critique, y voyant un empêchement à l'atteinte de la maîtrise de soi. Analogue à la morsure d'un scorpion, il n'est pas sans provoquer une souffrance aiguë et une forme de servitude. Socrate donne alors ce conseil à son auditoire:

---

31. Nous avons pris le soin de ne pas utiliser ici le terme homosexuel. Nous voulons ainsi souligner le fait que ce concept était inconnu dans la Grèce antique et qu'il est une projection de notre conception actuelle de la sexualité sur les pratiques grecques. Pour une analyse de cette question, voir FOUCAULT, *L'usage des plaisirs*, 1984.

32. CARRÉ, Y. «Signe de paix, symbole d'amour», in G. Cahen (éd.), *Le baiser, premières leçons d'amour*, Paris, Autrement, 1997, p. 29-44.

> «Et vous pensez, vous mes sots camarades, que les beaux n'injectent rien, quand ils embrassent, parce que vous ne le voyez pas? [...] Je vous recommande, Xénophon, de vous enfuir dès que vous voyez un joli minois.»
>
> *Mémoires*, 1.3.11-13.

Dans d'autres ouvrages, comme dans *Le Banquet* et l'*Agesilaus*, la perte de contrôle que le baiser entraîne est encore soulignée, créant un besoin insatiable et dangereux:

> «Peut-être l'estime qu'on attache au baiser vient-elle de ce que cet acte unique entre nos actes qui consiste à s'unir par les lèvres porte le même nom que l'amour qui est dans les âmes. C'est pourquoi je prétends qu'il faut s'abstenir d'embrasser les belles personnes, si l'on veut pouvoir rester chaste.»
>
> *Le Banquet*, 4.25-26.

Xénophon insiste aussi à cet égard sur le fait que les baisers publics contribuent à créer une excitation qui, par effet de mimétisme, se communique à l'assistance comme le suggère une scène du *Banquet* (9.4):

> «Quand Dyonisos la vit, il s'avança en dansant de l'air le plus passionné, s'assit sur ses genoux, la prit dans ses bras et lui donna un baiser. [...] Les spectateurs voyant Dyonisos si beau, Ariane si jolie ne plus s'en tenir au badinage, mais se baiser réellement à pleine bouche, étaient tous violemment excités à ce spectacle.»

Le souffle du baiser: la Rome antique

La Rome antique reprend la réflexion philosophique sur le baiser amorcée par les Grecs et utilise ce geste dans plusieurs domaines de la vie privée ou publique. Son rôle varie en fonction des époques, des lieux et des partenaires, mais de façon générale, les Romains n'appréciaient pas particulièrement son expression publique, qu'elle soit homosexuelle ou hétérosexuelle. Ils classaient le baiser en trois catégories[33]:

---

33. Rapporté par Henriquez, *op. cit.*

l'*osculum* ou baiser d'amitié sur les joues;
le *basium* ou baiser affectueux sur les lèvres;
le *suavium* ou baiser amoureux et passionné.

Outre son rôle dans l'érotique romaine qui sera abordé plus loin, le baiser avait diverses fonctions sociales; il semblerait même que dans la période du début de l'Empire le baiser de salut soit devenu une mode[34]. Il marquait les retrouvailles après une longue période de séparation entre parents ou amants et signifiait l'appartenance à un groupe de même statut social. Ainsi, les esclaves qui se rencontraient s'échangeaient un baiser lorsqu'ils constataient qu'ils avaient le même statut.

La loi romaine utilisait le baiser pour régler les échanges de cadeaux entre les fiancés. Il portait alors le nom d'*osculum interveniens*. Si l'un des fiancés mourait, l'autre devait rendre les cadeaux dans leur totalité, mais si un baiser avait été donné en échange, seule la moitié devait être retournée. Une autre marque du baiser dans la loi romaine est celle qui signale, comme symbole du mariage, l'introduction à la cohabitation matrimoniale[35]. Le baiser que s'échangent aujourd'hui la mariée et le marié à la fin de la cérémonie remonterait d'ailleurs à l'époque romaine. Il serait un vestige de rites païens signifiant que les liens légaux sont assumés[36].

Dans la littérature romaine, le baiser occupe une place importante. Tite-Live dans son *Histoire de Rome* (1.56) relate une prédiction de l'oracle de Delphes selon laquelle le trône de Rome serait acquis par le premier des fils des Tarquins qui embrasserait sa mère. Les deux frères envoyés pour cette mission décidèrent de laisser le troisième

34. KLASSEN, W. «The Sacred Kiss in the New Testament, an Example of Social Boundary Lines», *New Testament Studies*, vol. 39, 1993, p. 122-135.

35. NYROP, *op. cit.*

36. TIEFER, *op. cit.*

frère dans l'ignorance de cet oracle et tirèrent au sort entre eux pour savoir qui serait le premier à l'embrasser.

Les textes littéraires romains chantent surtout les baisers d'amour et de séparation. L'*Éneide* de Virgile et les *Métamorphoses* d'Ovide incluent de nombreuses références au baiser amoureux, comme celui de Phébus à Daphné (1, 554), de Narcisse à son image (3, 430), ou de Pyrame et Thisbé (4, 73), qui séparés par un mur, aspirent à s'embrasser. Les baisers d'adieu ainsi que ceux précédant la mort constellent la littérature, comme ceux de Philomène à son père (6, 475) ou de Dédale à son fils Icare avant son envol (8.110).

Les baisers amoureux des poèmes de Catulle, d'Ovide et de Tibulle alimentent une conception originale du baiser sensuel – le *suavium*. Un récent essai sur la littérature grecque et latine[37] apporte un éclairage intéressant sur sa place dans l'érotique romaine. Contrairement au coït, qui malgré son importance dans l'expression de la virilité, est associé à l'animalité, le baiser fonde la dimension humaine de la sexualité. La relation coïtale use et éteint trop rapidement le désir et le plaisir, elle prend une place inférieure dans la hiérarchie des plaisirs, alors que le baiser permet de jouer avec les sentiments et les sensations, de prolonger le désir et le plaisir dans une fête des sens qui éloigne l'homme de l'animalité. Un passage de Pétrone dans le *Satiricon* illustre cette place privilégiée:

> Le plaisir que l'on prend à copuler est bref et laid
> Après l'amour vite fait on ne ressent que dégoût [...]
> Mais ainsi que nous le faisons, en une fête sans fin
> Toi et moi restons couchés à nous donner des baisers
> Plaisir sans effort et plaisir sans honte
> Jouissance passée, présente et à venir
> Qui jamais ne diminue et toujours recommence.

---

37. DUPONT, F. *L'invention de la littérature: de l'ivresse grecque au livre latin*, Paris, La découverte, 1994.

La *comissatio*, une fête développée au IIIᵉ siècle av. J.-C., était également l'occasion de nombreuses embrassades. Les convives de sexe masculin s'y adonnaient à la boisson, aux jeux poétiques et échangeaient des baisers considérés comme le transfert d'un souffle amoureux. Ce souffle chargé de substances actives – ou fleur – imprégnait les baisers, le vin et les parfums. Dans cet échange, les individualités et les différences de statut et de sexe s'abolissaient, permettant la création d'une relation plus fusionnelle et égalitaire.

Le baiser pouvait également être chargé de connotations négatives, comme lorsqu'il se dévoyait auprès de prostituées. La figure littéraire du baiser puant, souvent utilisée dans les épigrammes satiriques, signifie le rejet d'une relation érotique considérée comme esthétiquement inacceptable. Au premier siècle après J.-C., il sera souvent considéré comme gênant. Certains auteurs latins s'en plaindront d'ailleurs et plaideront en faveur d'un assainissement des mœurs.

Les représentations du baiser telles qu'elles étaient véhiculées dans les civilisations gréco-romaines n'auront que peu de résonances dans le monde judéo-chrétien où elles prendront des connotations plus sacrées, liées à la signification de ce geste dans les textes révélés et dans les rituels qui en découlent.

La mystique du baiser dans le monde juif

> Tes lèvres distillent du nectar, ô fiancée;
> du miel et du lait sont sous ta langue;
> et la senteur de tes vêtements est comme la senteur du Liban.
>
> *Cantique des cantiques, 4, 11*[38]

---

38. Les citations bibliques de cet ouvrage sont issues de la TOB – traduction œcuménique de la Bible, traduite à partir des textes originaux hébreu et grec.

Le judaïsme reconnaît au baiser une place importante, à la fois aux plans social, religieux et mystique. Sa dimension érotique est par contre plus limitée et se retrouve principalement dans le Cantique des cantiques[39].

Dans le récit biblique, le baiser remplit plusieurs fonctions. En premier lieu, il sert à exprimer l'affection ou le respect entre les parents et avec les amis. Ainsi Isaac appelle Jacob, le prenant pour Ésaü, et lui demande un baiser filial (Genèse 27, 26-27). Le baiser signe aussi la séparation, comme l'indique le geste de Laban au moment de se séparer de ses enfants (Genèse 32, 1), ou le départ, lorsque Orpah embrasse sa belle-mère (Ruth 1, 14).

Il ponctue également les retrouvailles, comme le montrent les exemples de Jacob et Ésaü, s'embrassant après une longue absence (Genèse 33, 4) ou de Joseph embrassant ses frères (Genèse 45, 15). Il en est de même lorsque Moïse s'incline devant son beau-père et l'embrasse après une séparation prolongée (Exode 18, 7). David et Jonathan (Samuel I, 20, 41-42) scellent ainsi leur amitié masculine, avant leur séparation. Il marque aussi la consécration et le respect, comme en témoignent le baiser de Samuel au roi Saül après l'avoir oint, ou celui de réconciliation entre David et Absalom, le fils du roi (Samuel II, 14, 33).

---

39. Le souffle divin créateur de l'homme a souvent été interprété comme un baiser («Le SEIGNEUR Dieu modela l'homme avec de la poussière prise du sol. Il insuffla dans ses narines l'haleine de vie, et l'homme devint un être vivant.» Genèse, 2, 7 – TOB). Mouttapa dans un article sur le baiser dans les textes bibliques écrit: «Notre destin unique parmi les êtres de la Création, nous le tenons, selon la Bible, de ce baiser originel, de ce geste d'amour initial qui fait de l'humanité la fiancée de Dieu.» (p. 103) (MOUTTAPA, J. «Le Souffle de Dieu», in G. Cahen (éd.), *Le Baiser, premières leçons d'amour*, Paris, Autrement, p. 101-111). Il n'est d'ailleurs pas le seul à soutenir cette thèse qui offre la séduisante douceur d'un baiser comme image de notre création.

Les connotations peuvent aussi être plus sinistres et servir dans les stratégies politiques. Ainsi Absalom use du baiser pour remettre en question la justice de son père et obtenir la faveur des Israélites alors que Joab tue son frère Amasa en profitant de cette proximité physique:

> «Joab dit à Amasa: «Tu vas bien mon frère?» La main droite de Joab saisit la barbe d'Amasa pour l'embrasser. Amasa n'avait pas pris garde à l'épée qui était dans la main de Joab. Celui-ci l'en frappa au ventre et répandit ses entrailles à terre. Il mourut sans que Joab eût à lui donner un second coup.»

Samuel II 20, 9-10

Les prophètes reprochent le culte des idoles et les baiser qui y sont donnés (Osée 13,2 et Job 31, 27):

> «À présent ils continuent de pécher: ils se sont fait un ouvrage en fonte, de leur argent – avec leur technique – des idoles!
> Produit d'artisans que tout cela.
> C'est à leurs propos que l'on dit:
> "Des sacrificateurs, des hommes, offrent des baisers à des veaux".»

Osée, 13, 2

Il s'accompagne de sévères punitions (Rois I, 18-19). Le Talmud reprend d'ailleurs cet interdit en l'étendant à tous les gestes qui peuvent y ressembler.

Il remplit par ailleurs une fonction dans les rites mortuaires. Ainsi Joseph embrassant son père décédé (Genèse 50, 1) montre à la fois son affection et ses adieux. Dieu peut aussi épargner les affres de la mort aux patriarches, à Moïse, Aaron et Myriam en leur donnant un baiser. Plusieurs commentateurs, à propos de la mort de Moïse, soulignent ce geste: l'âme ne voulant pas quitter le corps si pur de son maître, «à ce moment, l'Éternel l'embrassa et enleva son âme dans un baiser de sa bouche».

Cette conception rejoint la perspective mystique présente dans le *Zohar* ou *Livre des splendeurs*, qui commente les références au baiser dans le Cantique des cantiques. Ce texte aux interprétations multiples a été envisagé comme un texte poétique érotique exprimant la relation amoureuse entre un homme et une femme, le rapport complexe entre Israël et son Dieu et, dans la conception chrétienne, entre l'homme et Dieu. Le premier verset du texte «Qu'il me prodigue les baisers de sa bouche[40]» a ainsi été commenté par les auteurs du *Zohar*:

> «Pourquoi le roi Salomon a-t-il introduit l'amour entre le monde inférieur et le monde supérieur par le baiser? C'est qu'en effet, l'amour qui est la fusion d'une âme à une autre, ne peut s'opérer que par le baiser de la bouche, qui est la fontaine de l'âme et son ruissellement. Le baiser unit l'âme à l'âme pour n'en faire qu'une, et l'amour devient une seule unité [...] Il y a quatre âmes dans le baiser, l'une incluse dans l'autre, fondue en une unité qui gravit les sphères supérieures pour rejoindre le palais de l'amour, où elles éveillent ce dernier qui va s'unir encore plus haut.»[41]

Dans la vie liturgique, le baiser occupe également une place importante. Ainsi, il est de coutume, en signe de respect, de porter à la bouche les fils du châle de prières (tsitsit) lors de la récitation matinale du Shéma, acte d'affirmation de l'unité divine. De même, le rouleau de la loi ou Torah est embrassé indirectement en portant les doigts qui ont touché le texte à la bouche. En entrant ou en sortant d'une maison, il est également coutumier d'embrasser la mezuzah (étui contenant un texte fixé au

---

40. La traduction de la TOB est: «Qu'il m'embrasse à pleine bouche!», le verset continue en disant: «Car tes caresses sont meilleures que du vin, meilleures que la senteur de tes parfums.» (Le Cantique des cantiques, 1, 2-3).

41. TISHBY, I. *La Kabbale: Anthologie du Zohar*, Paris, Berg International, 1994, p. 90.

linteau des portes). Les enfants peuvent embrasser en signe de respect la main de leur père le vendredi soir, avant de recevoir sa bénédiction, et les adultes font de même lorsqu'ils rencontrent un rabbin renommé.

La fonction érotique du baiser est par contre secondaire, en raison de l'importance reconnue à la maîtrise des pulsions sexuelles. Des rabbins comme Maïmonide considéreront comme essentiel d'éviter d'embrasser des femmes afin de contrôler les pensées sexuelles. Le baiser devra donc se limiter aux relations familiales (mère, sœur, fille) ou maritales. Même entre époux d'ailleurs, il est soumis à des interdictions liées à la période des menstruations ou suivant la naissance d'un enfant.

Le baiser de paix dans le monde chrétien

Le texte fondateur du christianisme, le Nouveau Testament, mentionne onze fois le mot «baiser» et toutes les occurences ont une fonction publique. Une des plus célèbres est celle de Marie-Madeleine embrassant les pieds de Jésus (Luc, 7, 38):

> «Apportant un flacon de parfum en albâtre et se plaçant par derrière, tout en pleurs, aux pieds de Jésus, elle se mit à baigner ses pieds de larmes; elle les essuyait avec ses cheveux, les couvrait de baisers et répandait sur eux du parfum.»
>
> *Luc*, 7, 38

Célèbre également est le reproche que Jésus adresse à Simon le Pharisien pour ne pas l'avoir embrassé en guise de bienvenue (Luc, 7, 45), ou le baiser de Judas lors de l'arrestation de Jésus (Matthieu, 26, 48; Luc, 22,48), devenu l'exemple même de la trahison:

> «Celui qui le livrait leur avait donné un signe: "Celui à qui je donnerai un baiser, avait-il dit, c'est lui, arrêtez-le!"»
>
> *Matthieu*, 26, 48

«Jésus lui dit: "Judas, c'est par un baiser que tu livres le Fils de l'Homme!"»

Luc, 22, 48

Avec saint Paul, le baiser sacré ou baiser de paix va devenir une forme de salutation dominante qui assurera l'unité entre les premiers chrétiens issus de classes et de groupes culturels différents, permettant ainsi la création de l'Église. Cette réalité socio-religieuse en voie d'émergence cherche par de nouvelles pratiques à établir des façons de se reconnaître entre fidèles. Signe de reconnaissance qui prend racine dans l'exemple donné par Jésus lui-même (Matthieu, 10, 12 et Luc, 10, 5-6), il assure l'expression de la fraternité et du partage d'une même foi. L'importance du baiser de paix est ainsi répété dans les textes de saint Paul: «Tous les frères vous saluent. Saluez-vous les uns les autres d'un saint baiser.» (Corinthiens I, 16, 20)[42]. Il s'imposera alors comme une forme rituelle caractéristique de la liturgie chrétienne.

Il est intéressant de noter que cette fonction particulière du baiser est une nouveauté. Il ne semble pas en effet que les anciens textes gréco-romains ou ceux du judaïsme réfèrent à une idée de communauté religieuse liée au baiser[43].

Par la suite, ce geste – allusion au baiser mystique du Cantique des cantiques – se situera essentiellement dans le contexte liturgique, après les litanies et avant l'oblation[44]. Il y exprimait la charité, la proximité, mais aussi la

---

42. Voir aussi: Romains, 16, 16; II Corinthiens, 2, 13; Pierre, 12, 2.

43. Selon KLASSEN, *art. cit.*

44. L'usage du baiser de paix dans la liturgie varie. Dans l'Église d'Orient, il se donne à la fin de la prière des fidèles, à l'offertoire, tandis que dans l'Église romaine, il s'échange avant la communion. *(Dictionnaire d'archéologie chrétienne et de liturgie*, tome II, 1re partie B, sous «baiser», Paris, Letouzey et Ané, 1910.)

chasteté dans la mesure où il se donnait à l'origine sans distinction de sexe. Mais, rapidement, des critiques s'élevèrent au sein de l'Église face à la pratique du baiser sacré. Petit à petit la ségrégation des sexes fut imposée et ce geste se limitera de plus en plus aux membres du clergé ou des communautés monastiques et religieuses. Se développa également l'usage de baiser l'autel, la croix, les Évangiles, les images, les icônes et les reliques en signe d'adoration. Ce geste prendra également des connotations de pénitence, de mortification ou d'humilité, en association à la prière, aux postures de génuflexion et de prostration. C'était le cas du baiser aux lépreux qui est rapporté dans la vie des saints, du baiser des pieds, des genoux ou de la terre qui seront repris par le pape Jean-Paul II lors de ses voyages[45].

Dans le contexte du cycle de vie, il marque la formation d'un nouveau couple lors du mariage, la réconciliation ou l'absolution des pénitents ainsi que la préparation à la mort avec le baiser aux agonisants, coutume qui se maintiendra jusqu'au VIe siècle[46].

Dans la tradition des premiers chrétiens, les conceptions du baiser s'articulent donc sur les notions de respect et de communion, reprenant les recommandations du baiser sacré de saint Paul en se donnant d'une bouche à l'autre, d'un souffle à l'autre, d'une âme à l'autre.

Le baiser du jardin parfumé

Dans le monde arabe, les baisers renvoient aux sphères religieuse et érotique. Dans le contexte religieux, le Coran est embrassé en signe de révérence et les pèlerins

---

45. BOLOGNE, J.-C. «Du sacré à l'intime», in G. Cahen (éd.), *Le baiser, premières leçons d'amour*, Paris, Autrement, 1997, p. 45-66.

46. Les conceptions chrétiennes du baiser seront exposées plus en détail dans la partie consacrée au baiser au Moyen Âge, chapitre 2.

qui visitent la Mecque tentent de porter leurs lèvres sur la pierre noire de la Kaabah, imitant ainsi le geste du prophète Mahomet. Déposé sur la main, il marque le respect des étudiants envers leur maître en tant que personne et en tant que porteur d'une tradition. Il est également de coutume d'embrasser les clôtures des tombeaux des saints pour obtenir la *barakah*, ou bénédiction.

Ce geste apparaît également comme une forme rhétorique importante dans la littérature arabe, en particulier dans *Les Mille et Une Nuits*, ce célèbre recueil de contes que la reine Schéhérazade narre à son époux pour éviter qu'il ne la fasse mettre à mort, comme ses précédantes épouses. Le baiser remplit plusieurs fonctions sociales dans ces récits : le respect lorsque l'on embrasse le sol entre ses mains au moment où on se présente devant le roi ou une autorité, l'accueil ou le signe de bienvenue, l'expression amoureuse, la soumission à l'époux lorsque l'on embrasse sa main ou son pied, et le remerciements d'un baiser sur la main.

C'est cependant sur le plan érotique que le baiser amoureux, qui au plan lexical diffère de celui porté à la main ou sur les lèvres, a pris une place significative dans la vision du monde arabe. L'expression érotique est en effet considérée comme le mime de l'amour divin et le signe de la puissance divine. Si la procréation a une fonction importante, celle-ci ne se réalise pas aux dépens de la sensualité, qu'il s'agit d'entretenir et de renouveler, d'où la rédaction de manuels érotiques inspirés des cultures persanes et hindoues. *Le jardin parfumé* du cheikh Nefzaoui, rédigé au XVIIᵉ siècle à l'intention du bey de Tunis, fournit ainsi des conseils sur la façon d'amplifier la réponse érotique de la femme. Celle-ci est comme un fruit, elle ne peut exprimer toute sa douceur que si on la frotte entre les doigts... d'où la place significative du baiser dans cette érotique : en pluie sur les joues, succion des lèvres et de la salive, douce morsure des seins, baisers sur le nombril, les cuisses et les autres parties du corps. Le jardin parfumé en conseille l'usage pour raviver et maintenir l'affection des femmes. Mais ils ne peuvent suffire et doivent s'accompagner de la rencontre des sexes, activité considérée comme essentielle par les femmes. Ainsi, comme le note Nefzaoui:

> «Le sommet de la relation coïtale sont le plaisir, l'enlacement, les baisers. Ce sont ces éléments qui font la distinction entre le coït humain et celui des animaux. [...] Sans les baisers, aucune posture ou mouvement ne procurent un plein plaisir et les postures où le baiser ne peut être inclus ne sont pas entièrement satisfaisantes, étant donné que le baiser est l'un des stimulants les plus puissants pour l'œuvre de l'amour. Je l'ai dit en vers:
>
> L'œil languide
> Met en rapport l'âme avec l'âme
> Et le tendre baiser
> Transmet le message du phallus à la vulve.»

Ces références philosophiques du baiser comme expression particulière de la sexualité humaine rappellent la perspective romaine (malgré la place privilégiée reconnue au coït dans l'érotique arabe). Il participe à la rencontre sexuelle et doit obéir à certaines normes quant à ses qualités: il doit être sonore, posé sur des lèvres humides et accompagné de la succion des lèvres et de la langue. La succion et les morsures légères provoquent des flux de salive qui sont comme une liqueur «douce et exquise, plus plaisante que le miel raffiné». Plus fort que l'intoxication liée à l'ingestion du vin, le baiser profond crée «une langueur qui pénètre jusqu'à la moelle».

Conclusion

L'évaluation des fonctions et significations du baiser dans les sociétés traditionnelles et les civilisations anciennes confirme combien cette gestuelle échappe à des déterminismes strictement évolutifs pour s'articuler sur des rapports sociaux. Les composantes affectives et érotiques du baiser obéissent ainsi à des conceptions du monde religieuses et philosophiques, qui modulent son expression, ses formes, ses fonctions et ses représentations.

Les représentations occidentales du baiser vont se construire à partir de ces diverses ascendances. Elles reprendront, entre autres, l'idée grecque du transfert des vertus, le baiser d'engagement latin et la symbolique d'une humanisation de la sexualité, le baiser de retrouvailles et celui permettant un passage plus doux vers la mort. Nous verrons dans le chapitre suivant comment ces conceptions et coutumes vont évoluer à partir des derniers siècles du Moyen Âge, le baiser suivant ainsi les changements des mœurs liés à la modernité et perdant petit à petit ses connotations sociales et religieuses pour devenir un geste éminemment érotique et amoureux.

Le baiser dans tous ses états...

Si le **«baiser»** ou «baiser profond», «baiser sensuel» ou **«French kiss»**, comme l'appellent les Québécois et les Anglo-Saxons, était inconnu dans bon nombre de régions du globe au début du siècle, la mondialisation et le cinéma hollywoodien ont participé à sa large diffusion dans la majorité des sociétés. Mais redécouvrons-en d'autres variantes et prenons d'abord exemple et enseignement d'autres baisers que les nôtres, anciens ou exotiques, savants ou rituels...

Le **baiser à la florentine** se donne sur la bouche en se lançant tour à tour des petits coups de langue pour s'émoustiller mutuellement[47].

Le **«jezicati se»** est pratiqué par les Slaves du Sud. L'homme met sa langue le plus profondément possible dans la bouche de la femme. Ce baiser aurait le pouvoir de créer chez elle une excitation sexuelle si forte qu'elle lui serait soumise sans aucune opposition.

Le **baiser avec transfert de salive** est pratiqué par des tribus en Océanie, en Amérique du Nord et dans l'est de l'Inde. Les partenaires se sucent la langue, puis à un moment donné transfèrent leur salive d'une bouche à l'autre.

Le **baiser du jardin parfumé** doit être sonore, posé sur des lèvres humides et accompagné de la succion des lèvres et de la langue.

Dans le **baiser des langues**, seules les langues se touchent et se caressent.

Le **baiser sur les lèvres** est pratiqué par la tribu des Waikas; les amants le pratiquent en se léchant les lèvres.

Le **baiser persan** est une caresse de la partie intérieure de l'oreille.

Le **baiser olfactif**, aussi nommé «baiser océanien» ou «baiser chinois», varie suivant la position plus ou moins haute du nez et des joues, la force de l'inhalation, la nature des sons que l'«embrasseur» émet ou la place des mains sur le corps de l'embrassé.

47. GUIRAUD, P. *Dictionnaire historique, stylistique, rhétorique, étymologique de la littérature érotique*, Paris, Payot, 1978.

Une autre forme du baiser olfactif serait le célèbre **baiser inuit, dit «esquimau»**, dans lequel les nez se frottent gentiment: le **baiser avec frottement de nez**, pratiqué également par les Lapons du nord de l'Europe et les Tamouls de Ceylan, conjugue baiser sur la bouche et frottement des nez.

Il existe également toute une pléiade de baisers que le *Kama Sutra* classe en fonction de leur force, de la zone corporelle ou de l'intention du donneur. Ces baisers sont entre autres:

Le **baiser de provocation**, qui allume le désir. L'homme s'approche de la femme qu'il convoite, il lui embrasse un doigt de la main si elle est debout ou un doigt de pied si elle est assise. Tandis que la femme le donne sur le corps de son amant qu'elle masse, elle pose sa figure sur sa cuisse comme pour s'en faire un coussin pour dormir puis lui baise la cuisse ou le gros orteil.

Le **baiser de déclaration**, qui s'envoie au reflet de la personne désirée dans l'eau ou dans un miroir.

Le **baiser qui allume l'amour** est déposé par la femme sur le visage de son amant endormi.

Dans le **baiser de la lèvre supérieure** l'homme baise la lèvre supérieure de la femme pendant qu'elle lui baise la lèvre inférieure.

Le **baiser agrafe** permet à un amant de prendre les lèvres de l'autre avec les siennes. Le *Kama Sutra* note ici que la femme ne prendra cette initiative qu'avec un homme sans moustaches.

Lors du **baiser touchant**, la femme touche la langue de son partenaire avec la sienne, ferme les yeux et place ses mains dans celles de l'homme.

Ou tout autre baiser que votre imagination vous soufflera, car en matière de techniques, la règle suivante s'applique aux choses de l'amour:

«Quelles que choses que l'un des amants fasse à l'autre, celui-ci doit lui rendre la pareille: baiser pour baiser, caresse pour caresse, coup pour coup.»
Le *Kama Sutra* de Vatsyayana

CHAPITRE II

De l'union des âmes à celle des amants

Quelles sont les caractéristiques essentielles du baiser en Occident? Pour les cerner, ce chapitre effectue un voyage en cinq temps. D'un Moyen Âge essentiellement religieux et marqué par une organisation féodale, nous aborderons ensuite les représentations du baiser dans la poésie de la Renaissance. Puis nous verrons quelles sont ses coutumes et représentations, de l'époque classique à l'ère des Lumières, avant d'aborder le XIXᵉ siècle à la fois romantique et hygiéniste. Enfin, nous rejoindrons l'époque contemporaine, où le baiser, image cinématographique ou romanesque, est également un comportement observé et mesuré.

Le Moyen Âge

Le baiser de paix chez les clercs

Au Moyen Âge le baiser est essentiellement sacré. Trait d'union entre la chair et l'esprit, symbole de l'échange des souffles et des âmes, il résout l'antinomie entre la Cité terrestre et la Cité céleste, tension qui marque profondément la société médiévale. L'amour, l'*amor* – symbolisé par le baiser – est la valeur par excellence de cette époque[1]. Il sauve les âmes et constitue l'honneur des guerriers. Dans les rites religieux et la liturgie il exprime la piété, la charité et le renoncement.

Le baiser de paix, comme nous l'avons vu, servait aux premiers temps du christianisme à signifier l'union entre les fidèles au delà de leurs différences. Ceux-ci s'embrassaient donc lorsqu'ils se rencontraient ou lors de l'office, mais dans les derniers siècles du Moyen Âge cet usage sera de plus en plus problématique. Le baiser entre un homme et une femme sera considéré comme suspect, probablement trop lascif et propre à émouvoir la chair.

Parallèlement à sa fonction symbolique de réconciliation et de communion, il se pratiquait souvent dans une perspective ascétique. Dans sa ferveur et sa contrition, le croyant agenouillé ou couché face contre sol en prostration baisait l'objet de son dégoût. En effet, la pénitence, la mortification ou l'humiliation étaient rattachées au caractère répugnant de l'objet ou de la personne embrassée: le sol, les pieds d'un mendiant ou les mains d'un lépreux. L'usage d'embrasser le sol, geste religieux d'ailleurs antérieur au christianisme, était couramment pratiqué à cette époque et se conservera dans les siècles suivants. Les règles de certaines congrégations religieuses prescrivaient ainsi de baiser la terre ou les pieds quotidiennement. Les récits hagiographiques racontent, à ce sujet, que saint Étienne de Muret se déforma le nez à force d'appuyer violemment son visage sur le sol pour baiser la terre[2].

On embrassait également le sol que les pieds d'un saint homme avaient foulé. Apposé sur les genoux, il démontrait l'humilité, mais le plus significatif était le baiser

---

1. CARRÉ, 1997, *art. cit.*
2. *Dictionnaire de spiritualité ascétique et mystique, doctrine et histoire*, tome 1, sous «baiser», Paris, Gabriel Beauchesne et ses Fils, 1934.

aux lépreux souvent rapporté dans la vie des saints, comme celle de saint François d'Assise. Un jour, allant à cheval, saint François rencontra un lépreux dont le corps était tout entier comme une plaie ouverte. Il en fut profondément dégoûté, mais pris de honte il descendit de sa monture, parla gentiment au malheureux, lui donna de l'argent et l'embrassa sur les deux mains. La légende rapporte qu'immédiatement après, le lépreux, qui était en fait le Christ, disparut[3]. Ce geste de saint François d'Assise a été interprété comme la marque ultime de sa contrition et de sa charité.

Salutations et affection chez les laïcs

Le baiser sur la joue ou sur la bouche comme marque d'affection et de salutation se donnait couramment à cette époque. Les nouveau-nés recevaient un baiser au nom de la Sainte Trinité et les parents embrassaient leurs enfants pour les protéger. On s'embrassait aussi dans la famille et la parenté en signe d'affection et lors de retrouvailles. Même à l'âge adulte, il continuait de se pratiquer entre parents et enfants, indépendamment du sexe. Comme geste de salutation, il n'était pas obligatoire à chaque rencontre et se justifiait surtout quand des liens d'affection unissaient des personnes qui ne s'étaient pas rencontrées depuis longtemps. Si les bourgeois s'embrassaient sur la joue, les nobles préféraient les lèvres. L'on s'embrassait essentiellement entre gens de même rang, et, lorsqu'un écart social séparait les individus, le baiser se faisait révérence et signe d'humilité. Plus la distance était grande, plus il était apposé loin de la bouche et près du sol.

Vers la fin du Moyen Âge le baiser de salutation sur la bouche commença à être décrié par les prédicateurs (Menot, à la fin du XVe siècle) et par les philosophes

---

3. Nyrop, *op. cit.*

(Montaigne, à la fin du XVIe siècle) qui le rapprochaient du baiser érotique[4].

Quant au baiser érotique, il est considéré dans un Moyen Âge religieux comme un péché mineur dans la pratique, mais ses représentations imagées renvoient à la luxure et au péché mortel, puisqu'il a probablement le pouvoir d'amener à l'union la plus intime[5].

L'hommage vassalique chez les seigneurs

Si le baiser médiéval était religieux ou familier, sa forme la plus marquante est sans nul doute celle qu'il prend dans la cérémonie de l'hommage vassalique (aux XIe et XIIe siècles) qui marque l'alliance entre deux hommes de la noblesse. En recevant un fief (territoire), le vassal promettait de servir et d'aimer loyalement son seigneur, qui à son tour lui assurait sa protection. Puis, par un baiser sur la bouche le pacte se concluait. L'association était ainsi indissoluble, comme si le baiser reliait à jamais ceux qu'il rapprochait l'espace d'un instant.

La cérémonie de l'hommage vassalique[6]

Première étape : l'hommage

Le futur vassal s'agenouille devant son seigneur qui a pris ses mains jointes dans les siennes. Par ce geste des mains le seigneur signifie protection, défense et garantie alors que le vassal montre révérence et soumission.

---

4. BOLOGNE, *art. cit.*

5. CARRÉ, Y. *Le baiser sur la bouche au Moyen Âge. Rites, symboles, mentalité à travers les textes et les images, XIe - XVe siècles*, Paris, Le Léopard d'Or, 1992.

6. La chronologie de la cérémonie est décrite dans CARRÉ, 1992, *op, cit.*, p. 188-191. Les textes des sermons sont rapportés sur le site : *http//membres.tripod.fr/baiser/index.html.*

«Veux-tu devenir mon homme lige sans réserve?», demande le seigneur.

«Je le veux», répond le vassal.

«Alors tu seras mien», rétorque le seigneur.

Deuxième étape: la foi

Le seigneur fait relever le vassal et lui appose un baiser sur la bouche qui marque la réciprocité de la fidélité vassalique.

Le vassal prête ensuite serment, debout, la main posée sur un objet sacré.

Troisième étape: l'investiture

Le seigneur remet alors un objet symbolique au vassal, objet qui marque le rang social du seigneur et la nature de la concession.

Des règles souvent tacites réglementaient ces baisers. Ceux-ci étaient en effet la preuve de la sincérité des sentiments et des intentions des deux parties. Ils étaient la marque et le sceau d'un contrat. De sa forme dépendait sa valeur comme le précise Carré, qui a étudié le baiser sur la bouche au Moyen Âge:

«Le baiser s'échangeait lèvres closes mais avec une certaine fermeté. Le geste ayant valeur de sceau se devait sans doute d'être franc et net. Un baiser du bout des lèvres pouvait laisser place à la suspicion de contrainte, de dégoût ou pis encore, de trahison, et le souvenir de Judas hantait toutes les consciences...[7]»

Les écrits juridiques de l'époque donnent deux significations explicites au baiser dans la cérémonie de l'hommage vassalique. La première le considère comme une preuve et un symbole de la fidélité (ou foi) quant au pacte conclu entre le vassal et son seigneur. La seconde en fait une marque d'affection entre les contractants. Mais en plus de ces significations explicites (fidélité, amour, union) qui ne sont pas sans nous rappeler les liens du

---

7. CARRÉ, 1997, *art. cit.*, p. 39.

mariage, le baiser avait des significations implicites liées à l'organisation sociale médiévale: le système féodal. Il possédait une symbolique égalitaire, car seules les personnes de rang similaire le pratiquaient. L'endroit du corps qui recevait le baiser était, comme nous l'avons vu, fortement lié à l'écart qui séparait les individus dans la hiérarchie sociale. Dans cette perspective, le baiser sur la bouche scellait la formation du couple vassal-seigneur et montrait publiquement, l'instant d'un baiser, la relation d'égalité sur le plan social.

Carré note que le baiser lors de l'hommage vassalique peut être considéré comme un pendant du geste de paix pratiqué dans les communautés religieuses. Il était un emblème de l'*amor* qui unissait les hommes de la classe guerrière et il symbolisait l'union indissoluble et l'appartenance à une même communauté, religieuse ou guerrière.

Le baiser courtois

L'amour courtois qui a pris naissance dans le sud de la France, en Provence et dans le Languedoc, au XIIᵉ siècle pour disparaître deux siècles plus tard, a influencé profondément les conceptions de l'amour. Cet amour mystique qui unissait des troubadours et les nobles dames, passait par des épreuves et des rituels qui amenaient les amants vers l'amour sincère, le *fin amors*. Affirmant la prééminence de la femme et de sa sexualité, l'amour courtois privilégiait le rituel de la contemplation de la dame nue, dont la beauté reflète le divin. L'*assag* ou épreuve d'amour imposée par la dame à son amant consistait à rester allongés «dans la même couche» sans avoir de relations sexuelles. La dame faisait jurer à son amant de ne pas profiter de la situation et de ne poser que des actes permis. Ceux-ci comprenaient des baisers, des caresses, des attouchements et des étreintes. Par ce rituel l'amant démontrait la force de leur relation ainsi que le développement de ses qualités de cœur. Il récompensait l'amant et marquait l'expérience sensuelle courtoise.

Le rituel du baiser survenait lorsque la dame reconnaissait son «soupirant» comme un ami. Il confirmait l'existence de leur liaison, «ou plutôt lui donnait toute sa réalité», selon les mots de Carré, dans un accord secret: l'hommage amoureux.

L'hommage amoureux[8]

Le troubadour agenouillé, les mains jointes:

«Dame, accordez-moi de vous servir sans réserve comme votre homme lige[9].»

La dame accepte le serment et le scelle par un baiser

... souvent le premier et le dernier.

Dans les chants des troubadours le baiser est considéré comme un privilège assez rare. Mais il n'était toutefois pas le but principal des efforts du poète-amoureux comme le note Nelli. Premier geste sensuel qui unit les amants, il récompense et encourage l'amour. Don de la dame à son soupirant, il adoucit ses souffrances[10], comme le chante le discret troubadour Bernart de Ventadour:

Mas ab doutz sentir d'un baisar *for'eu tost d'est mal reperitz* (XL, 23-24)	Mais ayant ressenti la douceur d'un baiser, je serai bientôt rétabli de ces souffrances.

---

8. CARRÉ, 1992, *op. cit.*, p. 64.
9. Par la formule «homme lige» le soupirant promet à la dame qu'elle sera son seul et unique seigneur en amour.
10. NELLI, R. *L'Érotique des troubadours*, Toulouse, Édouard Privat, 1963. Les vers de troubadours cités dans cette partie sont rapportés par Nelli.

L'érotique courtoise du Sud ne va généralement pas au dela du baiser dans l'union des corps, mais le sens du mot baiser semble être parfois un peu ambigu... il s'étend parfois jusqu'au lit de la noble dame:

Si josta me despoliada	Je ne peux vivre longtemps, et
Non la puesc baizar e tenir	la tenir nue auprès de moi
Dins combra encortinada	dans une chambre couverte de
(Troubadour Cercamon II,	tentures
47-49)	

Le Nord de la France, la Bretagne et le Sud de ce qu'est aujourd'hui l'Angleterre, voient aussi éclore une érotique courtoise qui reste cependant plus rattachée aux valeurs chevaleresque de fidélité et de prouesse[11]. Le baiser y est également perçu comme un pacte unissant symboliquement les amants par les liens de l'amour, comme le premier geste marquant la naissance du couple. Selon Carré, les rituels de baiser du Nord sont moins bien définis que ceux du Sud et ne comportent pas nécessairement de similitude de forme avec ceux de l'hommage vassalique.

S'il marque souvent l'apothéose de la relation dans l'érotique du Sud, il n'est au Nord qu'une étape vers l'intimité. Les plus célèbres couples de la littérature du Nord, Tristan et Yseult ou Lancelot et Guenièvre, manifestent leur passion amoureuse, leur *fol amor* par des baisers qui les mèneront vers d'autres unions, tout comme Perceval et Blanchefleur dans le *Conte du Graal:*

> «Avec douceur et délicatesse, il l'a attirée sous la couverture. Elle ne s'est pas défendue de ses baisers et je ne pense pas qu'elle en ait éprouvé de déplaisir. Ils sont restés toute la nuit étendus l'un près de l'autre, bouche à bouche, jusqu'au matin, à l'approche du jour. La nuit leur apporta tant d'agrément que, bouche à bouche dans les bras l'un de l'autre, ils dormirent jusqu'au lever du jour.[12]»

11. Carré, 1992, *op. cit.*, p. 66.
12. Extrait du *Conte du Graal*, v. 2058-2067, trad. J. Ribard, p. 52, cité par Carré, 1992, *op. cit.*, p. 67.

Extinction du baiser rituel: chronique d'une mort annoncée

Dans l'ordre des clercs comme dans celui des guerriers, le baiser était principalement un rituel social, mais ces formes, avec la fin du Moyen Âge et la Renaissance, sont condamnées à disparaître. Vers la fin du XIIIᵉ siècle, les bases du régime féodal et de la puissance de l'Église commencent à être remises en question et une nouvelle organisation sociale se met en place. L'amour et la charité, valeurs par excellence d'un Moyen Âge religieux, s'estompent au profit de la tempérance et de la modération[13], convenant mieux à la nouvelle bourgeoisie montante. Parallèlement, les rapports au corps et les formes de sociabilité se transforment, excluant progressivement le corps de la scène publique, ce qui entraîne une «privatisation» du baiser.

Ainsi, au XIIIᵉ siècle on commence à remplacer le baiser de paix entre personnes par un baiser sur une tablette appelée osculatoire, et cet usage va se généraliser au XVᵉ siècle. Seuls les clercs entre eux conserveront ce geste lors des cérémonies solennelles, non sans une certaine retenue! Il disparaîtra ensuite presque totalement, sous l'influence, semblerait-il, de l'ordre des franciscains.

À partir du XIVᵉ siècle, le baiser courtois sera condamné alors que d'autres formes seront décriées et utilisées comme preuves de conduites hérétiques ou de sorcellerie. L'amour courtois, associé à ce qui fut appelé l'hérésie cathare, devint suspect[14]. En 1356, Les *Leys d'Amors*, qui auront d'ailleurs été assujetties à l'approbation du Grand Inquisiteur, promulguent:

---

13. CARRÉ, 1997, *art. cit.*
14. Thèse soutenue par DE ROUGEMONT, D. *L'amour et l'Occident*, Paris, Plon, 1972.

«Il y a déshonnêteté d'après les Leys [...] lorsqu'on demande ce qu'il ne faut pas, une chose non permise, non
profitable, ou qui n'est pas nécessaire, comme si dans ses
chansons quelqu'un demande à sa dame de lui donner un
baiser ou de lui accorder une faveur secrète. Beaucoup de
troubadours anciens ont péché sur ce point. «Car ce n'est
pas chose honnête, ni permise, ni profitable, ni nécessaire
que je demande un baiser à la dame que je chante.[15]»

Ce soupçon se propage aussi aux ordres religieux.
Dans le cas du procès des Templiers, les chevaliers furent
accusés d'embrasser l'anus de leur supérieur, son nombril,
la base de sa colonne vertébrale ainsi que son phallus lors
de leur initiation. On les soupçonnait également d'adorer
le diable sous la forme d'un chat noir qu'ils embrassaient
sous la queue. Les sorcières, souvent accusées de pratiquer
le baiser infâme, *osculum infame*, étaient soupçonnées de
baiser le postérieur du diable au début du sabbat et
d'exiger cette pratique des nouveaux initiés.

L'Inquisition, chargée de faire disparaître les hérésies
et la sorcellerie, n'hésita pas à utiliser la torture pour obtenir des aveux quant à la véracité de ces pratiques, ce qui
entraîna l'autodafé des sorcières et l'élimination de l'ordre
des Templiers, dont la puissance et la richesse consti-
tuaient une menace pour les pouvoirs religieux et séculier.

La symbolique de l'échange des souffles sous une
forme inversée n'est peut-être pas étrangère à la disparition de la pratique publique du baiser. Contact des bouches
et des salives, le baiser était censé transmettre la folie ou le
mauvais sort. Nous avons vu à ce propos que le baiser
prend parfois, dans les sociétés traditionnelles, des connotations négatives voir même dangereuses. Ces connotations se retrouvent en Occident dans les contes et les fables
où les baisers d'êtres surnaturels ou malveillants provoquent la mort et la destruction. Le baiser serait dangereux

---

15. Nelli, *op. cit.*, p. 266.

et donc décrié, voire interdit, car trop teinté de sorcellerie. À l'appui de cette idée, l'anthropologue Favret-Saada, qui a étudié la sorcellerie dans le Beaucage[16], a montré que les habitants de cette région cherchaient à éviter tout contact avec les personnes suspectées de sorcellerie afin d'empêcher la transmission des mauvais sorts. De la même façon, l'évitement des liquides corporels permettrait, selon une étude sur autre communauté rurale de France, de se protéger de la «contagion» de la folie[17].

De la Renaissance aux Lumières

À partir de la Renaissance, l'usage du baiser de politesse sur la bouche disparaîtra, en commençant par les milieux aristocratiques. Marie de Médicis avait ainsi obtenu de son époux, Henri IV, la permission de ne plus donner ses lèvres aux courtisans, une faveur renouvelée par Louis XIII à Anne d'Autriche, et par Louis XIV à Marie-Thérèse d'Autriche[18]. Au XVIIIe siècle, le baiser sur la bouche sera perçu comme un baiser de courtisane et il ne sera plus demandé à une femme honnête. À l'époque classique, on tenta d'éradiquer le baiser de salutation même donné sur les joues. Si cette disparition du baiser sur la bouche a été *a posteriori* expliquée par des soucis hygiéniques (vérole, peste), l'usage du maquillage ou la sévérité des mœurs de

---

16. Le Beaucage, région rurale de France, voit perdurer certaines formes de sorcellerie et de croyances que J. Favret-Saada a observées et analysées, dans un ouvrage intitulé *Les mots, la mort, les sorts*, Paris, Gallimard, 1979. Elle a entre autres traité des modes de «transmission» des mauvais sorts, ou du «mauvais œil», qui se fait par contact, ce qui situe la parole et le regard dans une position de dangerosité potentielle.

17. Voir l'étude de D. JODELET, «Fou et folie dans un milieu rural français : approche monographique», in, DOISE, W. et PALMONARI, A. *L'étude des représentations sociales*, Neuchâtel-Paris, Delachaux et Niestlé, 1986, p. 171-192. Pour une présentation plus exhaustive voir aussi : JODELET, D. *Folies et représentations sociales*, Paris, Presses Universitaires de France, 1989.

18. BOLOGNE, *art. cit.*

la Contre-Réforme, il semble que les témoignages de l'époque parlent surtout de l'ambiguïté du baiser, qui sera de plus en plus associé à une caresse sexuelle, comme le lui reprochait déjà Montaigne au XVIe siècle. Ce type de baiser subsistera par contre encore au XVIIe dans les milieux bourgeois avant de tomber, presque définitivement, en désuétude.

Le baiser, échange des âmes

Si la Renaissance voit un recul des formes publiques et sociales du baiser, ses connotations amoureuses deviennent un des thèmes majeurs de la poésie amoureuse et érotique. Représentation de l'échange des âmes, il exprime le lien du poète avec sa muse et par là le processus de création poétique. De nombreux poètes le chanteront, comme Pierre de Ronsard, Agrippa d'Aubigné ou Louise Labé, dont voici quelques vers célèbres, tirés du sonnet XVIII:

> *Baise m'encor, rebaise-moi et baise;*
> *Donne m'en un de tes plus savoureux;*
> *Donne m'en un de tes plus amoureux,*
> *Je t'en rendrai quatre plus chauds que braise.*

À cette époque, on considérait que les yeux étaient responsables de l'embrasement du cœur et de l'amant[19]. Le baiser venait ensuite l'apaiser et soulager son mal d'amour, comme un baume parfumé et précieux, gage d'un plaisir encore plus parfait – la relation sexuelle – mais toujours différé[20].

Dans la poésie de cette époque, le baiser est cependant entouré de contradictions[21]. Force bénéfique ou masque derrière lequel se cache le démon, symbole de complétude-harmonie ou de fragmentation-dysharmonie,

---

19. Reprenant ainsi une conception médiévale soulignée par CARRÉ, 1992, *op. cit.*, p. 62.

20. *Ibid.*

21. GOOLEY, *op. cit.*

il représente à la fois le désir, l'érotisme et la quête de l'idéal amoureux et spirituel. Il permet tout d'abord d'extérioriser le besoin d'amour, il est comme une promesse, comme un moment magique où s'opère l'union tant désirée. Magique, il rompt ou crée des maléfices, cache la haine et les vices. Il fonde également les amitiés et les amours. Inspiré par la Bible, il est un signe de paix et de vie, ou au contraire, d'hypocrisie et de trahison.

Son symbolisme se base souvent sur les qualités physiques et les fonctions de la bouche et renvoie à une image bisexuelle qui contient en elle-même «la transcendance du dualisme», circulaire et ouverte comme la femme ou fermée avec une langue phallique comme l'homme. Image mystique de l'union des individus, de l'amour et de la mort, le baiser est le point de convergence entre le monde intérieur et le monde extérieur, entre l'âme et le corps. Il symbolise également l'appropriation, l'inclusion, l'assimilation en soi d'un autre qu'est l'acte de manger et de dévorer.

L'amant porté par son désir et sa recherche de l'union inhale l'âme de l'aimée, mais en même temps son individualité a peur car elle craint d'être étouffée et absorbée dans cette caresse. C'est là une des images les plus prégnantes de la poésie de cette époque car, par ce geste, les amants s'unissent à jamais. Leurs âmes se confondent et ils entrent dans un état de vision extatique et atemporelle, dans une mort qui se fait union, une mort par l'amour reliée à la perte de soi qui seule permet d'atteindre la complétude. Cette union avec l'être aimé, tant désirée par les poètes, se concrétise dans l'image des Champs-Élysées, paradis des amoureux, monde de l'au-delà résultant de l'union des amants, état de plénitude les faisant mourir à eux-mêmes. En parlant des Champs-Élysées, le poète aborde généralement trois thèmes, celui de l'enlacement du couple dans une image circulaire, celui de la mort dans le baiser et enfin celui de la vie éternelle et heureuse des amants.

> *Ny le temps, ny l'ennuie*
> *D'autre amour désirer,*
> *Ne pourra point ma vie*
> *De vos lèvres tirer :*
> *Ains serrez de mourrons,*
> *Et baisant nous mourrons.*

Pierre de Ronsard, Ode XIX, adressée à elle-même

À la fin du XVIe siècle, les référents changent et l'acte de la création poétique ne sera plus synonyme d'amour. L'amour n'est plus perçu comme une perte extatique du soi dans un tout, mais comme une dispersion dans la multitude. Le baiser restera toutefois fortement chargé d'érotisme et de mysticisme. Le froid baiser dont il est question dans les vers qui suivent ne donne pas accès aux Champs-Élysées, mais il symbolise le désespoir complet de l'amoureux irrévocablement seul. Au désir – illusion – de fusion succède le déchirant constat d'une éternelle solitude :

> *Vien ma bouche arouzer*
> *Tout en feu de désirs, de soupirs asechee,*
> *Bouche qui de baisers souloiz apreivoizer*
> *Mes amours voletanz, et leur donner bechee*
> *Au moins d'un froid baizer.*

Agrippa d'Aubigné, *Vision Funèbre de Susanne*, vers 21-25

Baisers classiques et baisers libertins

Si pour les poètes de la Renaissance, le baiser représentait le couronnement d'une longue attente et calmait les douleurs de l'amour, à partir du XVIIe siècle il allume le désir et marque le début d'une relation amoureuse. Il n'est plus la dernière marche avant l'abandon final, mais la première étape du processus de séduction menant à l'acte sexuel. C'est à partir de ce moment d'union que le cœur s'enflamme et non plus qu'il s'éteint.

Dans la littérature française du XVIIe siècle, le baiser signifie une relation de grande intimité. Il est même souvent refusé car trop compromettant[22]. Il se donne souvent sur les mains, la bouche ou sur des objets. Dans les romans de cette époque, les plus courants sont les baisers d'amour et de passion ainsi que les baisers de salutation et d'hommage[23]. Sont également présents un certain nombre de baisers volés à la belle, ce qui indiquerait la persistance en Occident d'un schéma amoureux selon lequel l'homme prend de force ce que la femme doit feindre de lui refuser. Il est également utilisé dans de nombreuses cérémonies officielles. Dans les académies (universités) le doyen embrassait par exemple les nouveaux maîtres et docteurs.

Avec le courant littéraire libertin, – dont les textes circulent clandestinement dans l'aristocratie et la grande bourgeoisie – le baiser se fait plus grivois. Pour le marquis de Sade, le baiser (qui se dit langoter) est un geste érotique qui prend place dans des jeux cruels et douloureux. Il s'y appose d'ailleurs souvent sur les fesses et le «cul[24]», plaçant ainsi le «baiseur» dans une position d'humiliation et de soumission:

> «Eugénie, *à moitié nue comme on doit s'en souvenir* (en italique dans le texte): Tenez, ma petite maman, je vous apporte mes fesses... les voilà positivement au niveau de votre bouche; baisez-les, mon cœur, sucez-les, c'est tout ce qu'Eugénie peut faire pour vous...[25]»

---

22. Nous remercions Mélanie Monette, étudiante au baccalauréat en Sexologie, qui a mis à notre disposition les résultats d'une recherche portant sur les occurrences du baiser dans la littérature romanesque française du XVIIe siècle.

23. Baisers donnés dans un contexte de subordination.

24. À l'époque, et principalement dans les écrits sadiens, le terme «cul» était d'usage courant.

25. DE SADE, D.A.F. *La philosophie dans le boudoir*, Paris, Gallimard, collection «Folio», 1976, p. 273.

L'ensemble de la littérature romanesque du XVIIIᵉ siè-cle[26] n'a pas une conception aussi iconoclaste du baiser. Dans les écrits non érotiques, il crée le plaisir et le désir mais également la tendresse et la joie. C'est la main de la femme qui en reçoit le plus souvent l'hommage, et c'est l'homme qui l'initie dans la majeure partie des cas. Dans *La Nouvelle Héloïse* de Rousseau[27], par exemple, l'amour naît avec un baiser qui annonce de brûlants et éternels sentiments, préfigurant ainsi les amours romantiques du XIXᵉ siècle.

> «Qu'as-tu fait, ah! qu'as-tu fait, ma Julie? tu voulais me récompenser et tu m'as perdu. Je suis ivre, ou plutôt in-sensé. Mes sens sont altérés, toutes mes facultés sont troublées par ce baiser mortel. Tu voulais soulager mes maux? Cruelle, tu les aigris. C'est du poison que j'ai cueilli sur tes lèvres; il fermente, il embrase mon sang, il me tue, et ta pitié me fait mourir.»

> «Ô souvenir immortel de cet instant d'illusion, de délire et d'enchantement, jamais, jamais tu ne t'effaceras de mon âme, et tant que les charmes de Julie y seront gravés, tant que ce cœur agité me fournira des sentiments et des sou-pirs, tu seras le supplice et le bonheur de ma vie!»

> Jean-Jacques Rousseau, *La Nouvelle Héloïse*, Lettre XIV:
> à Julie

Entre hygiénisme et romantisme: le baiser au XIXᵉ siècle

«Qu'est ce qu'un baiser? un lèchement de flamme», écrit Victor Hugo, résumant l'image du baiser brûlant des poètes romantiques. Le baiser symbolisera dorénavant l'amour et la sexualité. Il devient la métaphore de l'amour

26. Nous remercions Marie-Ève Perron, étudiante au baccalauréat en Sexo-logie, qui a mis à notre disposition les résultats d'une recherche portant sur les occurrences du baiser dans la littérature romanesque française du XVIIIᵉ siècle.
27. Élément soulevé par BOLOGNE, J.C. *art. cit.*

sexué et de la pénétration, comme le soulignent ces quelques vers de Baudelaire:

> Mes baisers sont légers comme ces éphémères
> Qui caressent le soir les grands lacs transparents,
> Et ceux de ton amant creuseront leurs ornières
> Comme des chariots ou des socs déchirants.

> Charles Baudelaire, *Les Fleurs du mal*, Femmes damnées

Le baiser de mort, qui sera détourné par le mouvement romantique en une image de l'amour impossible comme celle du baiser à l'amante défunte, se retrouve abondamment dans la littérature du XIXᵉ siècle. Baudelaire compose un poème au nom évocateur, «Le Revenant» (*Les Fleurs du mal*):

> Et je te donnerais ma brune
> Des baisers froids comme la lune

Et Alfred de Musset associe dans une même image douloureuse les baisers et les larmes:

> Ah! si le plaisir seul t'arrachait ces tendresses,
> Si ce n'était que lui qu'en ce triste moment
> Sur mes lèvres en feu tu couvrais de caresses
> Comme un unique amant;

> Si l'esprit et les sens, les baisers et les larmes,
> Se tiennent par la main de ta bouche à ton cœur,
> Et s'il te faut ainsi, pour y trouver des charmes,
> Sur l'autel du plaisir profaner le bonheur.

> *Premières poésies*, À Laure

Dans la même veine Mallarmé écrit ... «Ô mort le seul baiser aux bouches taciturnes.» (*Le Guignon*). Dans la littérature romanesque du XIXᵉ siècle[28], la bouche et les lèvres deviennent la principale zone embrassée lors de baisers

---

28. Nous remercions Isabelle Toupin, étudiante au baccalauréat en Sexologie, qui a mis à notre disposition les résultats d'une recherche portant sur les occurrences du baiser dans la littérature romanesque française du XIXᵉ siècle.

amoureux. Cette localisation marque un important changement par rapport aux siècles précédents, où les baisers s'apposaient principalement sur les mains de la personne aimée. L'homme initie encore le baiser dans la majorité des cas, trahissant ainsi une distribution des rôles qui semble, elle, immuable.

Dans les mœurs, il sera toutefois tantôt considéré comme une bagatelle sans conséquences, tantôt interdit en raison de son caractère intime et sexuel. Les jeunes filles de bonne famille ne pouvait l'accorder qu'après les fiançailles, et le professeur Nyrop raconte un événement qui défraya la chronique de 1837 pour un baiser volé[29]: Mr. Thomas Saverland, le plaignant, engagea une action contre Miss Caroline Newton qui lui avait arraché un bout de nez. Il avait essayé de l'embrasser, pour plaisanter, et la jeune femme mécontente l'avait mordu... assez violemment, on s'en doute. Le juge acquitta la jeune femme et justifia son verdict en disant que si un homme donne un baiser à une femme contre sa volonté, elle a alors tout à fait le droit de lui mordre le nez si tel est son bon vouloir.

Mais ce siècle n'est pas seulement celui du romantisme. Il est également celui de l'hygiénisme et du positivisme, celui de la description et des premières considérations sur la santé. Le baiser n'échappera pas aux médecins de l'époque. Il sera observé, ausculté, évalué et une querelle médicale s'installera, avec d'un côté le danger de la tuberculose et de l'autre, les bienfaits des échanges de microbes sur la digestion!

Les travaux les plus célèbres sont ceux du docteur Marcel Baudouin, dont le livre *Le Maraîchinage, coutume de pays de Monts (Vendée)* paraît en 1900. Cet ouvrage décrit

---

29. Histoire qui n'est pas sans nous rappeler les mésaventures d'un certain Bobbit au XXᵉ siècle!

une coutume paysanne qui semble à son auteur étrange et en rupture avec les règles voulant que les jeunes filles de bonne famille n'accordent un baiser qu'après les fiançailles. En effet, les dimanches après-midi voient dans cette région de curieux rituels. Les jeunes en âge de se marier se rencontrent, le jeune homme aborde alors la fille qui lui plaît en tirant sur son jupon et en saisissant son parapluie; puis, si la fille semble intéressée, le nouveau couple s'installe bien à l'abri du parapluie et échange de langoureux baisers que le docteur Baudoin décrit ainsi:

> «L'introduction s'accentue et s'accompagne de mouvements de circumduction et de plongées laryngiennes, parfois très profondes, si l'on peut ainsi parler. Les langues fouillent en sens contraire tous les recoins des muqueuses buccales, et tous les diverticules, pour multiplier les contacts.»[30]

Le docteur Baudoin se lance même dans des calculs sur les origines de ce qu'il a observé en Vendée:

> «Le baiser sur la bouche, c'est-à-dire sur les lèvres, dit Baiser nominal, est certainement préhistorique, mais sûrement pas si ancien que la Femme. Je le fais désormais remonter, au plus, à l'âge du Bronze.»

Cette coutume a également été observée dans d'autres régions de France et dans la campagne du Nord de l'Italie. Elle s'accompagnait parfois de conduites plus génitales et aurait une utilité toute pratique: elle servirait aux jeunes couples à tester leur compatibilité sexuelle et obtenir une certaine satisfaction en attendant de pouvoir se marier et en évitant les risques de grossesse[31].

---

30. BAUDOUIN, M. *Le Maraîchinage. Coutume du pays des Monts (Vendée)*, Paris, Bossuet, 1932, p. 101.

31. FLANDRIN, J.L. *Les amours paysannes. XVIe - XIXe siècles*, Paris, Gallimard, 1975.

Les délires hygiénistes semblent se poursuivre jusqu'au début du XXᵉ siècle. Le dictionnaire de la bêtise et des erreurs de jugements[32] présente le souhait d'un autre docteur:

> «Le baiser expose à la contagion des graves maladies, et il est à souhaiter que l'habitude du baiser soit abandonnée.»
>
> (Dʳ A. Narodetzki, *La Médecine végétale*, 1910).

Petite histoire du *French kiss*...

Les Français seraient-ils les dignes inventeurs du baiser profond?

C'est ce que les vocabulaires des pays anglo-saxons et du Québec semblent entendre, puisqu'ils le nomment «*French kiss*». Au Québec ont parlera même de «frencher» quelqu'un, lorsque l'on donne un baiser qui n'a rien d'innocent...

Cette appellation semble en fait remonter au XVIᵉ siècle. À l'époque, dans les cours des pays voisins de la France la rumeur voulait que les baisers sur la bouche soient un usage français... ce qui étonna fort les Français!

Au XVIIIᵉ siècle, Sade dans *La Philosophie dans le Boudoir* l'appelle «langoter», souvenir de l'ancien français «langueter».

Au XIXᵉ siècle les Anglais le nomment définitivement «French kiss». Et le docteur Baudoin de le décrire cliniquement et de le baptiser du sensuel nom de «cataglotisme».

---

32. BECHTEL, G. et CARRIÈRE, J.-C. *Dictionnaire de la bêtise et des erreurs de jugement*, Paris, Laffont, 1983.

Cyrano de Bergerac

Roxane, *s'avançant sur le balcon*

C'est vous?
Nous parlions de... de... d'un...

Cyrano

Baiser. Le mot est doux!
Je ne vois pas pourquoi votre lèvre ne l'ose;
S'il la brûle déjà, que sera-ce la chose?
Ne vous en faites pas un épouvantement,
N'avez-vous pas tantôt, presque insensiblement,
Quitté le badinage et glissé sans alarmes
De sourire au soupir, et du soupir aux larmes!
Glisser encore un peu d'insensible façon
Des larmes au baiser il n'y a qu'un frisson!

Roxane

Taisez-vous!

Cyrano

Un baiser, mais à tout prendre, qu'est-ce?
Un serment fait d'un peu plus près, une promesse
Plus précise, un aveu qui veut se confirmer,
Un point rose qu'on met sur l'i du verbe aimer;
C'est un secret qui prend la bouche pour oreille,
Un instant d'infini qui fait un bruit d'abeille,
Une communication ayant un goût de fleur,
Une façon d'un peu se respirer le cœur,
Et d'un peu se goûter, au bord des lèvres, l'âme!

Roxane

Taisez-vous!

Cyrano

Un baiser, c'est si noble, Madame,
Que la reine de France, au plus heureux des lords,
En a laissé prendre un, la reine même!

Roxane

Alors!

Cyrano, *s'exaltant*

J'eus comme Buckingham des souffrances muettes,
J'adore comme lui la reine que vous êtes,
Comme lui je suis triste et fidèle...

Roxane
Et tu es
Beau comme lui!

Cyrano, *à part, dégrisé*
C'est vrai, je suis beau, j'oubliais!

Roxane
Eh bien! montez cueillir cette fleur sans pareille...

Cyrano, *poussant Christian vers le balcon*
Monte!

Roxane
Ce goût de cœur...

Cyrano
Monte!

Roxane
Ce bruit d'abeille...

Cyrano
Monte!

Christian, *hésitant*
Mais il me semble à présent que c'est mal!

Roxane
Cet instant d'infini!...

Cyrano, *le poussant*
Monte donc, animal!
Christian s'élance, et par le banc, le feuillage, les piliers, atteint les balustres qu'il enjambe.

Christian Ah! Roxane!
Il l'enlace et se penche sur ses lèvres.

Cyrano
Aïe! au cœur, quel pincement bizarre!
– Baiser, festin d'amour dont je suis le Lazare!
Il me vient de cette ombre une miette de toi, –
Mais oui, je sens un peu mon cœur qui te reçoit,
Puisque sur cette lèvre où Roxane se leurre
Elle baise les mots que j'ai dits tout à l'heure!

EDMOND ROSTAND, *Cyrano de Bergerac*, acte III, scène x

Zoom avant sur le baiser du XXᵉ siècle

Le baiser cinématographique[33]

> T'as de beau yeux tu sais?
> Embrasse-moi.
>
> (Jean Gabin et Michèle Morgan, dans *Quai des Brumes*
> de Marcel Carné, 1938)

Au XXᵉ siècle, le cinéma va se nourrir du baiser à un point tel que leurs histoires seront étroitement imbriquées. Sa forme cinématographique constitue en fait un indicateur ou un signe des valeurs et des représentations de la sexualité véhiculées dans notre société.

À ses débuts, la représentation du baiser au cinéma provoqua un scandale. Dès 1896, la première année de l'existence de ce nouvel art, une scène d'une pièce de Broadway fut filmée en Vitascope. Elle présentait en gros plan, très gros plan pour l'époque, un long baiser de quelques secondes qui devint célèbre sous le nom de «*The May Irwin-John C. Rice Kiss*». Ce film ne manqua pas de faire bondir et crier à l'obscénité la presse de l'époque. Un certain Mr. Stone, qui se voulait fort catégorique, écrivit à son sujet: «à une échelle normale, ces choses sont déjà assez bestiales. Mais agrandies à ce point et montré de façon répétées elles deviennent absolument dégoûtantes[34]». Ironie du sort ou classique attrait pour la transgression, ce film qui fut interdit dans certaines villes devint quelques années plus tard le premier succès au *box office*. Le *Code Hays*, qui réglementait la décence dans le cinéma américain entre 1930 et 1965, avait même établi certaines clauses concernant les élans amoureux. Il prévoyait que baisers et

---

33. Nous remercions ici Astrid Abelé qui a mis à notre disposition l'analyse d'une entrevue avec Thomas Waugh, coordonnateur de l'école de cinéma de l'Université Concordia (Montréal) et spécialiste des représentations de l'érotisme et de la pornographie au cinéma.

34. LENNE, G. *Sex on the Screen, Eroticism in Film*, New York, St. Martin's press, 1978, p. 151 – traduction de l'auteur.

étreintes ne devaient être ni trop longs ni trop passionnés. La France, quant à elle, n'a jamais censuré le baiser au cinéma.

Pendant les vingt premières années du cinéma, l'érotisme était suggéré par le visage, lieu où l'identité et l'âme se montraient. Le baiser chargé de symbolisme mettait en acte et concrétisait le partage et l'échange spirituel de deux âmes amoureuses. Hollywood l'exagérait d'ailleurs en le montrant dans des élans passionnés et dramatiques. Le jeu des visages et des baisers exprimait alors la sexualité d'une façon moins génitale et explicite qu'aujourd'hui, insistant sur la dimension émotive, non sans naïveté et innocence.

Ses représentations se sont ensuite modifiées, passant d'une mise en scène théâtrale statique et plutôt dramatique à une imagerie sensuelle et réaliste, plus charnelle. Jusque dans les années soixante, le baiser symbolisait l'acte sexuel que la censure ne permettait pas de montrer. Il resta également longtemps l'apanage des relations amoureuses hétérosexuelles et intra-raciales, relations qu'il venait souvent sceller, reprenant souvent la trame des contes de fées. Le baiser final chuchote ainsi aux spectateurs les leçons d'une morale à laquelle ils voudraient croire et dans laquelle les héros vécurent heureux et eurent beaucoup d'enfants!

Les années soixante, moment charnière, vinrent bouleverser cet ordre des choses. Les milieux artistiques tentaient de nouvelles expériences. Warhol et la *Factory* filmèrent des scènes de baiser de plus de trente minutes, créant ainsi malaise ou intérêt chez le spectateur. Pendant ces années, les attitudes envers la sexualité se modifièrent également, suivant le grand mouvement de contestation des années *hippies*, à un point tel qu'après 1968 et pendant les années quatre-vingt, le cinéma affichait une production où le sexe se consommait, vite et visiblement.

Le baiser passa alors en second plan, ne servant plus que de rapide préliminaire amenant le spectateur à ce qu'il attendait: la chair nue et érotisée.

Avec la fin des années quatre-vingt, l'essoufflement de la société de consommation et l'avènement des valeurs de bien-être, comme le *cocooning* et autres cultes de l'intimité, le baiser refait surface au cinéma[35]. Il revient parler d'amour et de romantisme, jouant dorénavant une rôle narratif en faisant avancer l'intrigue. Il devient geste à part entière dans un processus menant à l'acte sexuel que les règles de décence et les codes de censure n'interdisent plus.

Quant à savoir si l'on s'embrasse aujourd'hui comme au cinéma... tout se joue dans l'émotion, vraie ou fausse, déchirante ou apaisante. Et qu'importe si Clark Gable ne supportait pas Vivian Leigh, tant que le baiser de Red Butler à Scarlett brûle encore les lèvres des spectateurs.

Baiser et cinéma, une histoire d'amour

- Le premier baiser cinématographique fut échangé en 1896. Le baiser de May Irwin et John C. Rice, tel était son nom, provenait d'une scène d'une pièce de théâtre de Broadway intitulée *La Veuve Jones*. Le film duquel ce baiser est tiré se nomme d'ailleurs: *The Kiss*.

- Le premier baiser inter-racial eut lieu en 1967 dans *Devine qui vient dîner ce soir (Guess who is coming to dinner)*, réalisé par Stanley Kramer et produit par Syndey Lumet, avec Sydney Poitier.

- Le premier baiser homosexuel était un baiser saphique donné en 1930 par Marlène Dietrich dans *Morocco* de Joseph Von Sternberg. Il faudra tout de même attendre 1971 pour voir le premier baiser homosexuel entre hommes dans le film anglais *Sunday Bloody Sunday* de John Schlesinger.

---

35. DIWAN, F. «Un sogno lungo un bacio [un rêve long comme un baiser]», in *Il Corriere Italiano*, n° 268, 22 mai 1991, p. 8.

- Le plus long baiser filmé de tous les temps a été réalisé par Andy Warhol en 1963, il dure 30 minutes; le film où on le trouve se nomme bien à propos *The Kiss*. Les propriétaires de ces bouches en gros plan sont Naomi Levine et Rufus Collins.

- Le plus long baiser dans un film a été donné par Jane Wyman à Regis Tommey. Il date de 1941 et dure pas moins de 3 minutes 5 secondes. Cette scène représente $\frac{1}{25}$^e du film *You're in the Army Now*.

- Le film avec le plus de baisers est certainement la version de *Don Juan* de 1926. Le héros n'embrasse pas moins de 191 fois!... ce qui met en scène un baiser toutes les 53 secondes.

Le baiser comme enseigne:

Les mots «baiser» et «embrasser» connaissent un grand succès dans les titres de films... On dénombre:

- 181 films pour le cinéma. Ce sont par exemple: *Kiss Tomorrow Goodbye* de Gordon Douglas (1950), *Bons baisers de Russie* de Terence Young (1963), *Embrasse-moi idiot* de Billy Wilder (1964), *Baisers volés* de François Truffaut (1968), *Le baiser de la femme araignée* d'Hector Babenco (1984), *Rouge baiser* de Vera Belmont (1985), et plus récemment... *Too Young to Kiss* (1992), *Le baiser du papillon* de Michael Winterbottom (1994), *French Kiss* de Lawrence Kasdan (1995), *Kiss the Girl* de G. Fleder (1997), *Kiss or Kill* de Bill Bennett (1997), etc.

Et les nombreux *Kisses of death – baisers de la mort* réalisés par Henry Hathaway (1946), Mike Leigh (1977), et Barbet Schrœder (1994).

- 21 films pour la télévision. Tels *Kiss Me ... Kill Me* (1976) ou *It's Your First Kiss, Charlie Brown* (1977).

- 3 séries télévisées, dont la récente *Kiss me Kate* (1998).

Roses baisers

«Un roman rose sans baiser, c'est une série noire sans bagarres. Autant dire rien. Car ce qui fait l'identité du genre sentimental, c'est la force symbolique qu'il confère au baiser. Celui-ci anime l'action et tient lieu de langage amoureux, puisqu'il est preuve et signe de la passion[36].»

C'est ainsi qu'Anne de Marnhac, qui a dirigé la relance éditoriale des éditions Harlequin, résume la place du baiser dans les romans roses. Cette littérature que certains ont qualifiée de «pornographie féminine» suit un schéma qui se laisse scander au rythme des baisers. Dans les quelques 150 pages en moyenne de chaque roman, le premier baiser, souvent volé, marque la rencontre du héros masculin avec la pure et innocente héroïne; un deuxième baiser, consenti cette fois, avoue un amour caché; et un troisième baiser, celui de la fin, scelle à jamais l'amour du couple triomphant.

Dans les romans roses, la sexualité se résume souvent au baiser et ses métaphores dominantes sont le feu et la faim. Les embrassades, besoin impérieux vécu sur le modèle de la faim, sont torrides, brûlantes et passionnées. La jeune femme a souvent un goût de fruit, une comparaison qui conforte la vision de la femme douce, pure et naturelle. La façon dont les baisers sont échangés illustre la domination masculine et la soumission féminine. Lorsque l'homme embrasse sa conquête, il est généralement en position supérieure, comme en témoignent les couvertures pastel de ces romans. De plus il en prend toujours l'initiative et en dicte l'apprentissage.

Comme le cinéma, la littérature romantique du XXe siècle construit souvent sa narration autour de la représentation du baiser. Il introduit, il ponctue, il termine. Image plastique dont la symbolique renvoie à d'autres registres sexuels, il est magnifié et exagéré. Mais qu'en est-il de la vie quotidienne, quelle est sa place dans les sphères amoureuse et érotique des spectateurs et des lectrices?

---

36. DE MARNHAC, A. «L'Amour en rose», in G. Cahen (éd.), *Le baiser, premières leçons d'amour*, Paris, Autrement, 1997, p.128-137, texte cité p. 136.

Leçons de choses

Une anecdote rapportée dans la *Petite encyclopédie du baiser* de Mourier et Tournier vient poser un voile d'angoisse sur nos embrassades : en 1981, des scientifiques américains affirmèrent que chaque baiser raccourcit la vie de trois minutes ! Ils avaient en fait constaté que le pouls d'un amant passionné passe lors d'un baiser de 70 pulsations minute à près de 150 pulsations minute... Un cœur amoureux devrait y résister !

Un baiser = 12 calories (un peu moins qu'une cuillère à café de sucre).

Dans un seul baiser, nous échangeons 9 mg d'eau, 0,7 g d'albumine, 0,18 g de substances organiques, 0,71 mg de matières grasses, 0,45 mg de sel, 250 bactéries et quelques parasites ou virus.

Un effleurement du bout des lèvres anime 12 muscles tandis qu'un baiser profond n'en émeut pas moins de 29 (12 pour les lèvres et 17 pour la langue !).

Et, selon le livre Guinness des records, le plus long baiser de tous les temps revient à Eddie Levine et Delphine Crha, qui se sont embrassés pas moins de 17 jours, 10 heures et 30 minutes, aslors que le plus important échange de baisers simultanés à eu lieu à l'Université du Maine aux USA, en 1996, où 1420 couples se sont embrassés pour fêter la saint Valentin[37].

Le baiser : un rituel privé

Les rituels de baiser semblent prendre peu de place dans la culture actuelle, mais si les rites dans notre société changent de forme rapidement et sont très discrets, ils n'ont pas pour autant disparu[38]. Le baiser que se donnent les mariés à la fin de la cérémonie afin de marquer que les liens légaux sont assumés en est un exemple.

---

37. *The Guiness Book of Records*, Guiness Publishing, 1991 et 1998 respectivement.
38. LEMAIRE, J. «Des rites de passage qui ne disent pas toujours leur nom». *Dialogue. Recherches cliniques et sociologiques sur le couple et la famille*, 1er trimestre, 1995, p. 3-7.

Le sociologue David Le Breton[39] a consacré un article aux formes rituelles du baiser quotidien. Ces formes seraient de trois types: la démonstration d'affection; la marque d'entrée et de sortie d'une interaction; et les congratulations. La première forme, la marque d'affection, utilise le baiser comme un geste symbolique affirmant l'attachement envers l'autre. Il se retrouve surtout dans la relation à l'enfant, au réveil ou au coucher. Ces rituels se terminent souvent avec la puberté sous le poids des interdits sociaux et des associations entre baiser et sexualité. La deuxième forme rituelle, commençant et terminant une interaction, implique une familiarité particulière entre les individus. Elle tend à gommer les différences entre générations ou entre groupes sociaux. Cette forme, codée socialement, se situe à un point précis de la rencontre et diffère selon les régions. Au Québec par exemple, des amis hommes ne s'embrassent en principe jamais, sauf s'ils veulent marquer symboliquement, par ce baiser, leur détachement à l'égard des normes sociales, comme il est d'usage dans certains milieux *gay* ou chez les gens du spectacle. Ce type de baiser permet également de faire une distinction entre des groupes sociaux différents et de montrer ainsi l'appartenance au groupe. La troisième forme rituelle, symbolisant les congratulations, se donne après une victoire, un succès ou un examen. Elle appartient surtout à la culture sportive.

Dans le domaine amoureux, le baiser s'inscrit dans une dynamique rituelle de la rencontre sexuelle, et sa place dans le processus de séduction est déterminée culturellement, comme le montrent les travaux de Mead et Birdwhistell[40]. Vers la fin de la Seconde Guerre mondiale,

---

39. LE BRETON, D. «Rites d'intimité», in G. Cahen (éd.), *Le baiser, premières leçons d'amour*, Paris, Autrement, 1997, p. 67-77.

40. WINKIN, Y. «Un collège invisible», in Y. Winkin, *La nouvelle communication*, Paris, Seuil, 1981, p. 27-10, texte cité p. 63.

des *GI's* – soldats américains – postés en Angleterre tentè-
rent de séduire des jeunes Anglaises. Mais ces approches
amoureuses ne se firent pas sans heurts et sans percep-
tions négatives des comportements de part et d'autre. Les
Américains pensaient que les Anglaises étaient des filles
faciles, tandis que ces dernières considéraient les Américains comme des voyous. Mead et Birdwhistell ont ainsi
expliqué ces dissonances:

> «L'approche amoureuse se conduit en respectant un cer-
> tain nombre d'étapes. Chaque étape franchie est un feu
> vert pour une approche de l'objectif suivant. Mais ces
> étapes sont soumises à des variations culturelles. En
> Angleterre, il faut passer par une longue série de points
> avant d'arriver au baiser sur la bouche; et le baiser n'est
> plus très loin de l'étape ultime de l'accouplement. Aux
> États-Unis, par contre, le baiser sur la bouche se situe
> parmi les toutes premières démarches. Dès lors, lorsque le
> GI, entamant le scénario selon les règles américaines, em-
> brasse la jeune Anglaise sur la bouche, celle-ci ne peut que
> s'enfuir ou entamer les manœuvres menant au coït.»

Plusieurs auteurs, comme Rivière[41], ont noté que le
corps «pose problème» dans notre société, et avec lui la
rencontre des corps comme l'implique le baiser. Les formes
rituelles serviraient dans ce contexte à «gommer l'évidence de ce corps» comme cela semble être le cas dans les
ritualités quotidiennes du maquillage ou du sport, ritualités que Le Breton[42] associe également au baiser:

> «Dans l'effacement ritualisé du corps qui marque nos so-
> ciétés, le baiser crée un instant de partage par le contact
> physique, mais en l'enracinant au sein d'une norme qui
> contient soigneusement les transgressions et limite toute
> indécision.»

---

41. RIVIÈRE, C. *Les rites profanes*, Paris, Presses Universitaires de France, 1995.
42. LE BRETON, D. «Passions modernes du risque et fabrication du sens», in T.
    Goguel d'Allondans (éd.), *Rites de passage: d'ailleurs, ici, pour ailleurs*, Ra-
    monville-Saint-Agne, Érès, 1994, p. 81-86.

Le baiser viendrait donc, par ses aspects rituels, désamorcer la charge négative et culpabilisante de la corporéité-sexualité. Il place la limite entre le privé et le public et agit ainsi comme une découverte de l'intime mais protégée dans la structure des règles tacites de la société. C'est probablement cet aspect rituel qui lui permet de s'afficher sans choquer, qui lui permet d'être à la fois geste sexuel et démonstration socialement acceptable... qualité unique du baiser.[43]

Le baiser – un comportement à observer

Les travaux de Kinsey et ses collègues, qui servent encore aujourd'hui de référence en sexologie, ont porté quelque peu sur le baiser profond, ou *French kiss*, décrit comme «impliquant un contact de la partie intérieure des lèvres, des langues ainsi qu'une stimulation de l'intérieur de la bouche du partenaire». Dans leurs études sur les

---

43. Il n'est pas nécessaire ici d'élaborer sur la culpabilité qui est associée dans l'Occident judéo-chrétien à la sphère sexuelle. De même l'effacement du corps du domaine public depuis le XVIIIe siècle a été montré par Elias et Foucault. Elias, dans *La Civilisation des mœurs*, explique comment aux XIXe et XXe siècles les sociétés occidentales ont imposé des normes de pudeur et d'autocontrainte à toutes les manifestations corporelles, des manières de la table à la sexualité:
«*La sexualité est elle aussi reléguée, par le processus de civilisation, à l'arrière-plan de la vie sociale; elle appartient dorénavant à une «enclave» déterminée, la «famille restreinte»; dans la conscience des hommes, les relations entre les sexes s'en trouvent également refoulées, isolées, transportées dans une enceinte fermée. Une atmosphère de gêne, expression de la peur sociale, baigne cette sphère de la vie humaine.*»
N. Elias, *La Civilisation des mœurs*, Paris, Calmann-Lévy, 1973 (2e éd.), p. 262.
Dans son ouvrage *la volonté de Savoir*, Foucault ajoute que le corps serait devenu, depuis le XVIIIe siècle un instrument d'exercice du pouvoir qui passerait par un autocontrôle sur ses fonctions. Ces mécanismes de pouvoir jouent, depuis la fin du XVIIIe siècle, un rôle croissant dans l'organisation même de la vie de la population et ont une action directe sur les corps. Ils passent par un effacement et une normalisation du corps et de ses fonctions.
Foucault, 1976, *op. cit.*

comportements sexuels des Américains publiées en 1948 et 1953, et qui portaient sur plus de dix mille personnes, le baiser apparaissait comme un geste sexuel fréquemment utilisé, surtout par les plus jeunes et les plus scolarisés, et qui servait d'excitant.

Leurs statistiques indiquaient que 87 pour cent des adolescents et des jeunes adultes ayant plus de 13 ans de scolarité pratiquaient le *French kiss*, contre seulement 42 pour cent chez les hommes âgés de plus de 46 ans et ayant moins de huit ans de scolarité. Les auteurs, perplexes face à ces résultats, en concluaient que:

> «[Pour les plus scolarisés] Les considérations d'ordre hygiénique ne semblent pas être un obstacle à son usage. Ce groupe accepte les contacts oraux dans les jeux érotiques malgré son refus de boire dans un même verre. Par contre, si les hommes provenant de classes sociales inférieures considèrent que les contacts oraux sont sales, dégoûtants et une source possible de maladies, ils peuvent boire dans le verre commun qui traîne dans un seau d'eau.»

Chez les femmes interrogées par l'équipe de Kinsey, 70 pour cent d'entre celles n'ayant jamais eu de relations coïtales avaient pratiqué le *French kiss*, et parmi celles qui en avaient eu, les chiffres atteignaient entre 80 et 93 pour cent. Si le baiser était plus fréquent pendant les années quarante dans les milieux les plus scolarisés, cette différence disparaît à partir des années soixante-dix[44]. À partir de cette époque, les recherches sur la sexualité notent qu'il est couramment pratiqué. En effet, 72 à 80 pour cent des jeunes de 14 ans et 70 à 98 pour cent des jeunes de 18 ans rapportent l'avoir déjà donné, sans distinction de genre et d'origine ethnoculturelle.

---

44. DIEPOLD, J. Jr. et YOUNG, R.D. «Empirical Studies of Adolescent Sexual Behavior: A Critical Review», *Adolescence*, vol. 14, 1979, p. 45-64.

Si le baiser est si courant, il n'en est pas moins la cible des moralisateurs et «législateurs improvisés» de tous bords. Dans le dictionnaire du savoir-vivre moderne publié en 1970[45], on peut lire les conseils suivants à l'article «baiser»:

> «Et pourtant, ni en se retrouvant, ni en se quittant, ni durant leur promenade, les amoureux ne sont autorisés à s'embrasser en public... ils le feront quand même et toujours... ce dont nul ne devra se choquer!

> *Mais rappelez-vous que* (en italique dans le texte): si vous êtes affligés d'une maladie contagieuse, ne serait-ce qu'un gros rhume, il vaut mieux ne pas embrasser vos proches durant ces quelques jours. Il vaut mieux éviter d'embrasser un enfant trop jeune qui ne fait pas partie de votre propre famille.»

Dans les années quatre-vingt-dix, le pourcentage de personnes pratiquant le baiser se maintient. S'il semble varier en fonction de la force de la croyance et de la pratique religieuse, il n'y a pas de différences entre les femmes et les hommes. De plus, si le baiser est le geste sexuel le plus courant, il est également le plus précoce...

Commencer par un baiser...

> C'était le jour béni de ton premier baiser.

> Stéphane Mallarmé, *Apparition*.

La sexualité se découvre peu à peu, baisers, caresses, amour... Cette découverte est un processus, un chemin qui, de l'enfant fera naître petit à petit l'adulte. Mais c'est un processus qui change suivant les époques. Les jeunes d'aujourd'hui ne le vivent plus comme leur parents et leurs grands-parents.

---

45. PREVOT, F. *Dictionnaire du savoir-vivre moderne*, Paris, Casterman, 1970, p. 39.

Au début du siècle, les jeunes non mariés qui s'embrassaient encouraient le risque d'acerbes critiques de la part de leur entourage. Une fille de bonne famille ne devait pas se laisser aller à de tels échanges. Les statistiques françaises de l'époque montrent d'ailleurs que les baisers précédant la pratique du coït avec le futur mari étaient plus fréquents chez les femmes peu instruites que chez les femmes éduquées. Notons cependant qu'aux États-Unis on observe dans les années quarante le phénomène inverse.

Mais, pendant la première moitié du siècle, une certaine liberté de mœurs s'est peu à peu instaurée dans le cadre des fiançailles, pour s'étendre après la Seconde Guerre mondiale à des contextes de *flirt* entre individus non liés par la promesse de mariage. Ces pratiques se sont d'abord diffusées dans les milieux moins éduqués, pour s'étendre ensuite à toute la population.

Aujourd'hui, l'entrée dans la sexualité survient beaucoup plus tôt qu'au début du siècle, mais ce processus est plus long qu'il ne l'était. En effet, il n'était pas extraordinaire pour une jeune fille de découvrir les premier baisers et les premières caresses lors de sa nuit de noces. Aujourd'hui par contre, une longue phase de *flirt* précède les premiers contacts génitaux et près de trois ans et demi séparent l'âge médian du premier baiser de l'âge médian du premier coït.

En France, une enquête récente portant sur l'entrée dans la sexualité des jeunes Français de 15 à 18 ans apporte un éclairage intéressant sur le rôle du baiser dans la sexualité et la séduction[46]. Elle montre que l'entrée dans la sexualité s'effectue en deux temps. Le premier temps, le

---

46. LAGRANGE, H. et LHOMOND, B. *L'entrée dans la sexualité. Les comportements des jeunes dans le contexte du sida*, Paris, La découverte, 1998.

flirt, correspond aux premiers baisers avec la langue, sans caresses génitales ou pénétration; il commence, selon les études, entre 12 et 15 ans, quel que soit le genre et l'origine ethnoculturelle. Sa signification est essentiellement d'ordre social et identitaire. Dans un second temps, les jeunes passeront à des contacts plus intimes, marqués par la génitalité et la nudité, découvrant le plaisir physique et le partage de l'intimité. À partir de ce moment, les premières relations sexuelles avec pénétrations surviendront bientôt. Le même processus a été décrit en Suisse[47].

Le Québec a vécu une évolution des mentalités différente de celle d'autres pays francophones comme la Suisse et la France. Cette évolution est marquée par une profonde rupture: la chute du pouvoir de l'Église catholique dans les années soixante avec la Révolution tranquille. Vers la fin des années cinquante, l'expression de la sexualité adolescente était interdite puisque la chasteté jusqu'au mariage était préconisée par l'Église, qui exerçait un fort contrôle sur les mentalités et les comportements sexuels. Même un simple baiser était réprouvé, car il pouvait conduire à des comportements immoraux[48]. Mais avec les années soixante, la libéralisation des normes et des pratiques sexuelles qui a accompagné la perte du pouvoir qu'exerçait l'Église catholique, la sexualité des jeunes Québécois est devenue plus permissive. Les échanges de baisers entre adolescents se sont généralisés, en particulier dans le contexte amoureux[49]. Ainsi, aujourd'hui au Québec comme

---

47. NARRING, F., MICHAUD, P.-A., WYDLER, H., DAVATZ, F. et VILLARET, M. *Sexualité des adolescents et sida : processus et négociations autour des relations sexuelles et du choix de la contraception*, Lausanne, Institut universitaire de médecine sociale et préventive, Raisons de santé, vol. 4, 1997.

48. DESJARDINS, G. *L'amour en patience. La sexualité adolescente au Québec, 1940-1960*, Québec, Presses de l'Université du Québec, 1995.

49. CRÉPAULT, C. et GEMME, J.P. *La sexualité prémaritale, étude sur la différentiation sexuelle des jeunes adultes québécois*, Montréal, Presses de l'Université du Québec, 1975.

ailleurs, le baiser sert très tôt de point de référence dans la définition des rapports interpersonnels et sexuels chez les adolescents; il est un premier pas dans la sexualité et la relation amoureuse.

Conclusions

Les représentations du baiser dans le monde occidental (voir encadré) se nourrissent de référents mystiques, sociaux, affectifs et érotiques variant selon les époques. Ainsi au Moyen Âge, le baiser était un geste social ritualisé qui servait essentiellement à marquer publiquement une relation entre deux personnes, en particulier dans la sphère du religieux et du politique, fonctions qui vont s'estomper avec la mise en place de nouveaux rapports de sociabilité. Sa fonction érotique, esquissée dans le modèle de l'amour courtois, préfigure l'importance qu'il prendra ultérieurement dans la structuration des rapports amoureux en devenant le signe d'une relation privilégiée et essentiellement intime. Dans le champ littéraire, les figures poétiques du baiser se nourriront, selon les sensibilités et les époques, de connotations heureuses ou plus tragiques. Au XXe siècle, le cinéma reprend certaines des fonctions mystiques et mythiques pour en faire l'icône essentielle de l'amour et de l'érotisme selon un mélange qui obéit à la fois à l'inspiration des auteurs et aux demandes d'un public versatile. Préliminaire ou aboutissement, signe de l'éclosion d'une relation ou expression de la rupture, le baiser devient ainsi porteur d'images qui influenceront profondément les scénarios érotiques contemporains.

Réservé d'abord à des partenaires liés par un engagement affectif, le baiser devient après la Seconde Guerre mondiale l'un des premiers gestes sexuels échangés par les adolescents en dehors du contexte du mariage, tout en restant tributaire de règles souvent implicites concernant le rapport au corps et les relations interpersonnelles. Ce sont ces aspects à la fois relationnels, érotiques et symboliques que nous explorerons dans les deux prochains chapitres.

Résumé des différentes représentations historiques du baiser

- Preuve de la véracité des sentiments, révélateur de vérité, transparence;
- Transmission du souffle de vie, des pensées, des vertus, des âmes;
- Marque d'amour divin, de pureté du lien d'affection;
- Signe d'union indissoluble;
- Preuve d'amour;
- Déclencheur de l'amour, de l'attirance entre deux personnes;
- Signe d'égalité – ou d'inégalité – dans la hiérarchie sociale;
- Rite marquant l'insertion ou l'appartenance à un groupe social;
- Manifestation sociale de l'existence d'une relation, qui pouvait être d'ordre non sexuel mais qui devient d'ordre sexuel au XXe siècle
- Geste sexuel, signe d'un désir physique, préliminaire aux relations sexuelles, excitant;
- Geste de raffinement érotique éloignant l'homme de l'animalité (le coït étant considéré comme animal ou impur);
- Métaphore de l'acte sexuel complet;
- Aspects négatifs (baiser puant des Romains, baiser traître...).

CHAPITRE III

Premiers baisers, premiers émois

Toute grâce et toutes nuances
Dans l'éclat doux de ses seize ans,
Elle a la candeur des enfances
Et les manèges innocents.

Ses yeux, qui sont les yeux d'un ange,
Savent pourtant, sans y penser,
Éveiller le désir étrange
D'un immatériel baiser.

Paul Verlaine, *La Bonne Chanson*, Toute grâce...

Qui ne se souvient pas de ses premiers baisers: émois nouveaux, goût de l'autre, souvenirs troublés. Signal d'entrée dans un processus d'initiation à l'érotisme qui conduira le plus souvent aux premières relations sexuelles, le premier baiser s'inscrit dans des scénarios divers et suscite des émotions contradictoires, souvent anticipées, rêvées ou attendues avec inquiétude.

Ce chapitre suivra l'évolution du baiser chez le jeune adolescent. Nous commencerons par les inquiétudes mais aussi les motivations qui le poussent à embrasser. Les premiers jeux de baiser, puis les premiers baisers amoureux seront décrits. L'évolution de ses significations avec le passage à l'âge adulte seront ensuite abordées avant d'analyser les facteurs déterminants dans les diverses expériences : l'âge au premier baiser et le genre.

> «*J'ai ressenti des émotions ou sentiments différents de ceux de tous les jours. Des émotions du profond du corps.*» (Récit d'un premier baiser, étudiant québécois)

Le baiser imaginé : inquiétudes, attentes et motivations

> J'ai peur d'un baiser
> Comme d'une abeille.
> Je souffre et je veille
> Sans me reposer :
> J'ai peur d'un baiser !
>
> Paul Verlaine, *Romances sans paroles*,
> A Poor Young Shepherd

Aux yeux des jeunes adolescents le baiser est un geste qui s'apprend, un comportement soumis à des conventions sociales tacites qui en règlent la pratique comme la technique. Il n'est ni «naturel», ni spontané. Avant d'échanger leur premier baiser, la plupart se préparent à accomplir une performance et s'inquiètent des aspects techniques : comment bien embrasser, comment respirer, comment bouger et surtout, comment faire pour bien faire. Alors, pour maîtriser cette mystérieuse pratique – ils s'exercent. Une étudiante suisse se rappelait en riant des tentatives qu'elle avait mises en œuvre pour apprendre à embrasser :

> «*Je devais avoir onze ans et mon cousin à peu près neuf. Il était plus jeune mais semblait s'y connaître bien plus que moi ! Je ne sais plus comment nous avons commencé à parler du baiser, mais une discussion aussi acharnée que dubitative s'est instaurée sur les façons de respirer et le sens dans lequel il fallait tourner la langue. Bref, nous avons décidé d'essayer pour voir... Nous nous sommes*

installés et, après quelques rires nerveux, nous avons enfin réussi à ouvrir nos bouches, et là... horreur, impossible de respirer! J'arrête la manœuvre, mon cousin me dit de respirer avec le nez, les propos s'enflamment... et nous avons terminé la session en nous battant[1].»

La réaction du partenaire et le jugement de l'entourage inquiètent également beaucoup les jeunes. Savoir bien embrasser semble être un critère d'admiration ou d'exclusion dans certains groupes d'adolescents. Le baiser se vit souvent comme une quête de valorisation sociale, une marque de reconnaissance et de statut. Il est un enjeu identitaire dont le poids se répercute sur un ensemble de craintes et d'appréhensions réelles ou imaginaires. Des adolescents ont parlé de leurs angoisses: un baiser, continent inconnu, peuplé d'humeurs baveuses et dégoûtantes. D'autres plus âgés ont raconté certains moments pénibles où, encore novices, ils n'avaient pas su comment s'y prendre, déclenchant ainsi rires et moqueries.

Notons que ces inquiétudes sont plus élevées chez les femmes que chez les hommes. Si ces derniers disent en moyenne avoir été peu inquiets, les femmes ont avoué avoir vécu un certain nombre de craintes et d'appréhensions qui se sont toutefois souvent dissipées au moment du premier baiser.

Mais ce ne sont pas que les inquiétudes qui hantent les jeunes. Ceux-ci nourrissent également de nombreuses attentes et motivations envers leur premier baiser. Le moment du baiser est rêvé, le scénario, parfois prévu à l'avance, est répété, amélioré. Ce geste, associé à d'autres bénéfices est désiré, attendu. Ces attentes et motivations peuvent être classées en deux catégories. La première et la plus importante, que nous appellerons romantique, renvoie à des attentes émotives et relationnelles. L'adolescent

---

1. Les propos des sujets de nos différentes recherches seront inscrits en italique.

ou l'adolescente fantasmait son premier baiser comme un moment merveilleux et follement romantique, il désirait établir une liaison amoureuse avec son partenaire. La seconde catégorie renvoie à des comportements et attitudes conformistes, elle englobe des motivations liées à la mode, à la curiosité et à la pression des pairs. L'adolescent désire *«faire comme les autres»* ou *«comme les grands»*, l'envie de paraître *«cool»* ou tout simplement d'essayer le motive. Dans le groupe d'étudiants universitaires ayant répondu au questionnaire, le conformisme semble un peu moins présent que le romantisme.

L'âge auquel le baiser a été échangé pour la première fois semble jouer un rôle significatif dans les motivations conformistes. Les plus jeunes (âgés de 13 ans ou moins) se montraient plus sensibles que les plus âgés aux pressions sociales.

Les motivations d'ordre romantique sont plus fortes chez les femmes, les Suisses et ceux qui vécurent leur premier baiser à un âge plus avancé. Ces modulations semblent confirmer les hypothèses selon lesquelles la sexualité des adolescents est d'abord et avant tout d'ordre identitaire. Avant d'avoir des préoccupations altruistes, relationnelles ou amoureuses, le jeune passe par une phase où il doit s'affirmer en tant qu'individu. Il doit prendre sa place dans un groupe social, montrer qui il est et ce qu'il peut faire. À cet âge-là, entre 12 et 14 ans, la sexualité naissante donne au baiser une place de choix. C'est lui qui sera l'enjeu de compétitions sur et avec le corps, et l'objet de constructions identitaires sexuées. Dans le baiser, en effet, le positionnement n'est pas seulement social, il joue également au niveau du genre: un garçon embrasse une fille, un homme embrasse une femme.

Quant aux baisers homosexuels, ils sont extrêmement rares à cet âge, la plupart des jeunes qui se définiront plus tard comme tels, l'ignorent souvent encore. Bien sûr, il se donne des baisers profonds entre garçons et entre filles, comme entre frères et sœurs, amis et amies, mais ceux-ci n'entrent pas dans un registre amoureux, ce qui fait toute la différence. Ils ne sont perçus que comme des exercices, des entraînements pour le jour où le premier baiser d'amour, celui qui fera palpiter le cœur, sera échangé. Une étudiante québécoise résume habilement cette évolution : «*Après avoir appris les techniques, tu peux te concentrer sur les émotions et l'écoute de l'autre.*»

Deux scénarios souvent concomitants se dégagent du processus d'intégration du baiser dans la vie des jeunes. Dans le premier, le baiser survient à un âge précoce, dans un contexte ludique ou lié à des pressions sociales. Il est alors peu ou pas du tout associé à la sexualité et au sentiment amoureux. Dans le second, le premier baiser est échangé dans le cadre d'une relation privilégiée. Les connotations sexuelles et amoureuses sont alors plus prégnantes sans être cependant généralisées. Elles se développeront par la suite.

Baisers ludiques, un terrain d'expérimentation

Qui ne s'est pas un jour entraîné à embrasser, avec une amie, un frère, une sœur, tout seul ou sur son oreiller... Près de la moitié des personnes interrogées disent avoir participé à des jeux dont le but était de donner un baiser avec la langue. Ces jeux commencent assez jeunes, autour de 10 à 11 ans, et semblent un peu plus répandus au Québec (60 pour cent des jeunes) qu'en Suisse (40 pour cent). Ils touchent aussi bien les filles que les garçons, bien que les femmes semblent moins les apprécier que les hommes.

Ces joutes quasi-sportives ont plusieurs objectifs : elles servent à s'entraîner à la technique du baiser et à définir des critères de valorisation sociale. Dans les jeux, cette dernière s'établit de deux façons. D'une part, elle dessine une catégorisation sociale intra-groupe et hors-groupe, entre les acteurs qui sont impliqués dans le jeu et ceux qui en sont écartés, et de ce fait considérés comme n'ayant pas atteint une certaine maturité. D'autre part, les jeux fonctionnent comme une compétition qui permet de vérifier l'endurance (qui embrasse le plus longtemps), le prestige (qui embrasse le plus de filles ou de garçons, le plus beau ou la plus belle, le ou la plus populaire) et le savoir-faire (posséder une bonne technique).

> *«Au secondaire tu commences à explorer quelque chose. En septième année, on faisait des concours de* power necking. *On était aligné, les filles d'un côté et les garçons de l'autre, et c'était le couple qui s'embrassait le plus longtemps qui gagnait la joute. Les partenaires changeaient à chaque fois. L'important, c'était surtout de se concentrer pour impressionner la galerie, pour durer le plus longtemps, respirer, tourner la langue le plus rapidement possible et le plus longtemps possible. Oui c'est technique. Ce n'était pas le rapprochement des corps qui importait: on se tenait loin et on s'étirait le cou. Ce n'était pas un acte sexuel, mais une compétition comme on joue au* soccer *(football).»* (Étudiant québécois)

Ces jeux peuvent être interprétés comme des formes de rites de passage dans lesquels les jeunes subissent des épreuves qui leur ouvriront la voie à un statut social plus valorisé. Ces épreuves volontaires, et amusantes dans bien des cas, provoqueront parfois des blessures psychologiques significatives, surtout lorsqu'elles sont vécues comme une obligation.

> *«J'étais obligée de jouer pour ne pas passer pour une «pas déniaisée »*(équivalent de sainte nitouche). *Mais j'en avais pas envie. Pour moi embrasser c'était réservé aux gens qu'on désirait, pour qui on avait de l'affection. [...] Je me suis sentie humiliée en public, insultée, blessée car les autres ont dit que j'embrassais mal. Mais, quand j'ai embrassé des garçons que j'aimais, je n'ai plus eu de problèmes de technique. Ça a commencé à être plaisant avec le sentiment amoureux.»* (Étudiante québécoise)

Notons que le fait d'avoir participé à de tels jeux peut être associé à des attitudes et comportements différents chez les sujets. Ceux qui y ont participé montrent une plus grande acceptation de la sexualité et notamment des aspects physiques et hédonistes, comparativement à ceux qui n'y ont pas pris part. D'autres différences sont présentées dans le tableau sur les implications de la participation à des jeux de baiser.

Ces jeux vont continuer pendant quelques années, jusque vers 14 ou 15 ans; âge au cours duquel ils perdront tout intérêt. Une à deux années après les premiers jeux, les adolescents échangent leur premier vrai baiser, leur premier baiser d'amour...

La participation à des jeux de baiser est liée à:
(en comparaison avec les personnes
qui n'ont pas joué à s'embrasser)

- une attitude plus ouverte face à la sexualité, une sexualité plus hédoniste (axée sur le plaisir);
- plus d'importance accordée aux aspects sexuels dans le baiser (sensualité, plaisir, sensations physiques);
- des sensations physiques plus modulables par des facteurs individuels tels que l'humeur du moment ou la manière dont le baiser est donné;
- au fait que l'on juge plus agréable d'embrasser quelqu'un qui n'est pas un partenaire régulier;
- une sensation ressentie comme plus agréable.

Et lors de leur premier baiser amoureux, les jeunes qui ont participé à des jeux étaient ...

- plus jeunes de presque deux ans (13 et 15 ans);
- avaient un partenaire plus jeune de deux ans également;
- plus de motivations conformistes;
- ressentaient moins l'événement comme marquant.

Baisers d'amour

Le premier baiser
Roméo et Juliette...

Roméo : Si je profane avec ma main qui n'est point digne
Cette châsse bénie, c'est peine bénigne ;
Mes lèvres ces rougissants pèlerins vont effacer
Le trop rude toucher par un tendre baiser.

Juliette : Bon pèlerin, vous faites injustice à votre main
Car elle a montré dévotion courtoise ;
Les saintes ont des mains qui touchent les pèlerins,
Paume sur paume, c'est le pieux baiser des pèlerins.

Roméo : N'ont-elles pas des lèvres les saintes,
N'en ont-il pas les pieux pèlerins ?

Juliette : Oui des lèvres, pèlerins,
Dont elles usent pour la prière.

Roméo : Alors ô chère sainte
Laisse les lèvres faire ce que font les mains ;
Elles prient, exauce-les, de crainte
Que leur foi ne tourne en profond chagrin.

Juliette : Les saintes sont immobiles
Même en exauçant les prières.

Roméo : Alors soit immobile
Tandis que je prendrai le fruit de mes prières.
Ainsi le péché de mes lèvres
Par les lèvres est effacé.
Il l'embrasse.

Juliette : Et mes lèvres ainsi ont reçu le péché.

Roméo : Le péché de mes lèvres ?
Ô faute doucement reprochée au pécheur.
Rends-moi donc mon péché.

Il l'embrasse à nouveau.

Juliette : Vous embrassez selon les plus belles manières.

Acte I, scène V [2]

---

2. *Œuvres complètes* de Shakespeare, publiées sous la direction de P. Leyris et H. Evans, Paris, Club français du livre, 1955.

Dans un contexte amoureux, le premier baiser n'est pas vécu de la même manière par tous les adolescents, des facteurs aussi bien événementiels que personnels en modulent l'expérience. S'il survient en moyenne à l'âge de 14 ans, on constate tout de même une différence notable entre les garçons et les filles, les premiers étaient plus âgés de près de neuf mois. Ces différences de genre jouent sur la façon dont le baiser est vécu, mais n'apparaissent pas dans les choix des partenaires et des lieux.

En ce qui concerne le choix du partenaire, les deux tiers des répondants disaient en être amoureux ou le considéraient comme leur «petit ami». Les autres choix fréquemment rapportés, comme l'illustrent les catégories du tableau, sont les amis (15 pour cent), les camarades d'école (12 pour cent) et des inconnus (11 pour cent). Cette distribution suggère que le baiser sert souvent de confirmation à l'établissement d'une relation essentiellement amoureuse. Il actualise une relation déjà existante ou en marque le début.

Petit ami	36 %
Amoureux	25 %
Amis	15 %
Camarades d'école	12 %
Inconnus	11 %
Autres	1 %

Quant aux lieux propices aux premiers baisers, trois possibilités dominent. Le contexte d'une fête chez des amis, moment convivial dont l'ambiance peut contribuer à la réduction des inhibitions interpersonnelles et favoriser l'expression de contacts plus intimes, tout en renforçant les pressions sociales et les sentiments d'obligation, a été rapporté par 29 pour cent des répondants; tandis que 27 pour cent se sont embrassés à leur domicile, celui de leur partenaire ou d'un ami, permettant ainsi une certaine intimité; et 26 pour cent ont choisi des endroits publics (rue, parcs publics). Le milieu scolaire a eu moins de succès et il n'est rapporté que par 6 pour cent, tout comme le cinéma qui n'a vu que 5 pour cent des premiers baisers. Cette répartition indique que l'occurrence de ce geste n'est pas liée à des lieux spécifiques puisqu'il survient autant dans un environnement familial, public ou dépendant des activités du groupe des pairs.

Domicile	27 %
Fête chez des amis	29 %
Lieu extérieur	26 %
École	6 %
Cinéma	5 %
Autres	7 %

Au delà des considérations événementielles, l'importance du premier baiser réside surtout dans la manière dont il a été vécu. Souvenirs heureux ou traces amères, ces premières expériences influenceront la perception que les jeunes adultes auront plus tard de la sexualité[3]. À partir des réponses des sujets concernant leurs réactions émotionnelles et cognitives face au premier baiser, cinq grand types d'expériences ont émergé des analyses statistiques. Les premières, les expériences positives, ont été agréables, pleines d'amour, excitantes et importantes. Les deuxièmes, les expériences valorisantes, étaient attendues avec impatience et ont engendré de la fierté. Les troisièmes, les expériences surprenantes, ont engendré de la surprise ainsi qu'un sentiment troublant et étrange. Quant aux quatrièmes, les expériences négatives, sont marquées par la déception, le dégoût de la salive ou autre. Elles ont été

---

3. Des analyses ont montré que les expériences négatives du premier baiser expliquent une partie de la variation du score d'érotophilie. Plus la première expérience est négative, plus le sujet a une perception négative et conservatrice de la sexualité en général.

désagréables, voire humiliantes. Et les cinquièmes, les expériences anxiogènes étaient emplies de nervosité, de gêne
et d'inquiétudes sur la technique du baiser.

Bien que chaque vécu soit une mosaïque de ces différents types d'expériences, certaines sont plus fréquemment rapportées ou plus intensément ressenties que
d'autres. L'expérience positive et agréable et rapportée par
la majorité des étudiants. Suivent les expériences surprenantes et valorisantes, alors que l'anxiété a été vécue dans
une moindre mesure, comme les impressions négatives et
désagréables d'ailleurs.

Pour les adolescents, le premier baiser est une expérience...	
Positive à	13 %
Surprenante à	40 %
Valorisante à	27 %
Anxiogène à	23 %
Négative à	2 %

Les bonnes expériences, les baisers inoubliables et... l'amour

> «Nous nous dirigions vers nos cours mais, avant de nous séparer, il
> m'a retenue par le bras (Je me doutais que ça allait enfin arriver!)
> et il me serra tendrement contre lui. Il me dit un petit mot tendre
> et approcha ses lèvres des miennes. Personne ne brusqua l'autre et,
> tout à coup, j'ai donné mon premier baiser. J'étais gênée au début
> et je ne le réalisais pas, car je n'avais jamais fait cela avant. Il a
> suffi de quelques minutes seulement pour graver ce baiser dans
> ma mémoire.» (Étudiante québécoise)

Les premiers baisers sont souvent qualifiés de moments «merveilleux», «exceptionnels», «agréables». Bon
nombre de jeunes associent le côté agréable au sentiment
amoureux, thématique soulignée dans un récit sur quatre.
L'amour rend l'expérience magnifique, il donne de l'importance à ce moment. Plusieurs études ont montré que

les adolescents accordent énormément d'importance au sentiment amoureux. Lorsqu'ils parlent de relations sexuelles, c'est l'amour qu'ils présentent comme étant le facteur le plus déterminant, et c'est lui qu'ils recherchent souvent dans ce que l'on a appelé «les monogamies séquentielles des adolescents[4]» (puisqu'ils changent souvent de partenaire).

Par contre, pour une majorité d'adolescents, surtout lorsqu'ils sont très jeunes, le premier baiser se vit sans connotations amoureuses ou sexuelles bien définies. Le plaisir associé au baiser n'apparaît que lorsque les sentiments de contrainte et d'obligations, qui ressortent en filigrane dans les confidences des répondants, s'estompent. Les individus qui ont pratiqué le baiser à un âge précoce[5] ressentaient en effet une pression sociale plus forte qui s'opposait à un vécu positif, amoureux et même physique.

Les expériences valorisantes: devenir adultes

«Je savais que c'était quelque chose de spécial. J'ai souri, j'étais devenue une femme finalement.» (Étudiante québécoise)

Pour environ une personne sur cinq le premier baiser est un moment important dans sa vie, et ce pour plusieurs raisons: il donne l'impression de devenir un homme ou une femme. On relève aussi l'émerveillement de la nouveauté ou le fait que la personne soit éperdument amoureuse. Les études sur la sexualité adolescente associent souvent la première relation sexuelle à un rite de passage. Les récits recueillis indiquent que ce concept s'applique à l'analyse du premier baiser. En effet, 10 pour cent des

---

4.   Ceux qui vivent une relation intime, qui sont amoureux et se sentent aimés par leur partenaire rapportent d'ailleurs une meilleure perception d'eux-mêmes. R.C Sorensen, *Adolescent Sexuality in Contemporary America*, New York, World Publishing, 1973.

5.   Défini ici comme ayant eu lieu à 13 ans ou moins.

adolescents y font spontanément allusion. Les rites de passages ont été étudiés par Van Gennep[6], qui les définit comme un processus en trois étapes: 1) la séparation, qui marque une rupture avec l'ancien mode de fonctionnement; 2) la transition, pendant laquelle l'individu passe par toute une série d'étapes et d'épreuves; 3) l'incorporation, qui marque l'entrée dans un nouveau monde.

Une analogie entre ces trois étapes et l'expérience du premier baiser peut être tracée. Dans la première, la séparation, le jeune adolescent quitte le monde pseudo-asexué de l'enfance et ses modes particuliers de manifestation de l'affection. La deuxième, la transition, pourrait représenter la période de l'adolescence au complet mais également le moment du baiser avec toutes les angoisses et les craintes qui y sont souvent associées. La troisième, l'incorporation, est marquée par le sentiment d'entrer dans le monde de la sexualité ou dans l'âge adulte; l'adolescent a franchi une étape, il entre dans un processus qui s'accompagne dorénavant de nouvelles formes de rapport au corps, aux sentiments, à la sexualité. Le premier baiser symbolise à la fois une progression et un renoncement, une progression vers une nouvelle forme d'expression de l'amour et de la tendresse, et un renoncement aux modes d'interactions de l'enfance qui, dans notre société, sont censés être isolés de toute sexualité.

Ces représentations transparaissent dans les propos des répondants, où les concepts de sexualité, d'adultité[7] et même d'adolescence s'entremêlent et s'interpénètrent. L'entrée dans le monde adulte est la thématique la plus courante. Le baiser fait grandir, il rend «femme», il fait devenir «homme»: *«J'étais devenu un "homme" et j'étais fier.»*

---

6. Van Gennep, A. *The Rites of Passage*, Chicago, The University of Chicago Press, 1966.

7. Ce terme renvoie à la période de l'âge adulte.

(Étudiant québécois) ; «*À mon avis, ce baiser venait de m'ou-vrir les portes du monde adulte.*» (Étudiante québécoise). Il est intéressant de noter l'utilisation qui est faite ici du terme «porte», image choisie également par Van Gennep pour illustrer les rites de passage.

Pour la jeune fille citée dans l'extrait suivant, le premier baiser revêt une importance toute particulière. Mélange de gêne et d'amour, c'est un baiser qui fait grandir : «*Ce fut la plus belle journée de ma vie, mais aussi la plus gênante. Je sentais que j'étais une adulte, j'étais en amour par-dessus la tête.*» (Étudiante québécoise). Le recours à la périphrase: «*la plus belle journée de ma vie*» renvoie généralement à la phraséologie classique associée aux moments importants d'une vie, comme le mariage, une naissance, l'obtention d'un diplôme, etc., moments pouvant être tous associés à des rites de passage. Ce récit semble construire une double analogie entre moment important et premier baiser, entre premier baiser et entrée dans le monde adulte, double analogie justifiée par le lien entre moment important et rite de passage – entrée dans la vie adulte.

Pour d'autres, si le baiser n'ouvre pas directement les portes du monde adulte, il fournit la clé de son antichambre: l'adolescence, comme l'illustrent ces deux récits d'étudiantes québécoises:

> «*Après mon French kiss, je sentais comme pétiller dans mon corps. Je me sentais une vrai ado (femme), j'étais "in".*»

> «*Pour moi, même si ce n'était pas du grand amour, j'ai senti que je commençais ma vraie adolescence.*»

La lecture des récits de premiers baisers des collégiens suggère que ceux-ci associent les concepts de sexualité et d'adultité. Si le baiser semble pour certains être un acte réservé "*aux plus vieux*", ils ont l'impression qu'en se l'appropriant ils transgresseront les barrières qui les séparent, eux, les enfants asexués, des adultes sexués. Puis, même si le baiser ne les fait pas passer à un autre âge, il en mime les comportements... et c'est déjà tout un plaisir qui surpasse de loin la gêne et les angoisses:

> *«J'étais plutôt gênée et me sentais mal mais pourtant, j'avais l'impression d'avoir un vrai petit ami comme les plus vieux.»* (Étudiante québécoise)

> *«J'ai ressenti de la joie et de la satisfaction à faire quelque chose de réservé aux "plus vieux".»* (Étudiante québécoise)

Pour d'autres, le premier baiser correspond à un changement, une nouveauté, une étape souvent attendue avec impatience: *«Après ce jour, ma vie a changé. Je suis devenu beaucoup moins gêné.»* (Étudiant québécois).

Pour d'autres encore, que le baiser ait été un profond *French kiss* ou un simple bisou sur les lèvres, il réfère directement à une dimension sexuelle dont il est souvent le premier signe, il marque *«le début d'une vie sexuelle active».* Un jeune homme raconte que *«ce baiser signifiait mon entrée dans le monde de la sexualité».* Il fonctionne comme une preuve, preuve d'une certaine maturité sexuelle, preuve d'un pouvoir de séduction qui commence à s'affirmer, preuve de sa propre désirabilité.

Les expériences surprenantes

> *«J'avais 16 ans. J'étais allé chez une fille qui m'intéressait beaucoup mais je ne m'attendais à rien puisque ce n'était que la seconde fois que je la voyais. On a parlé toute la soirée puis elle m'a ramené à l'arrêt d'autobus. Je parlais sans cesse lorsqu'elle s'est collée contre moi pour m'embrasser. Je lui ai rendu son baiser, mais j'étais très surpris. Lorsque l'on s'est arrêté je lui ai dit que je devais faire une crise cardiaque et nous nous sommes réembrassés ... j'ai manqué l'autobus!»* (Étudiant suisse)

Même si beaucoup d'adolescents ont passé de longues heures à rêver et à élaborer des plans sur leur premier baiser, même s'ils se sont souvent exercés grâce à des jeux ou avec des amis, le moment venu... c'est la surprise:

sentiment d'étrangeté qui les envahit, étonnement, émotions nouvelles. Le vocabulaire pour décrire ce qu'ils ressentent est alors un peu restreint : ils se sentent «*bizarres*».

Pour certains, la surprise est vécue comme un feu d'artifice, une éclatante découverte pleine d'énergie et de magie. Ils ont été «*estomaqués devant ce nouveau fait de leur vie.*» (Étudiant québécois) Mais pour d'autres, l'expérience est plus banale, plus froide. Ils constatent la surprise car ils ne s'y attendaient pas, mais les émotions ne sont pas là. Ils ne se sentent pas émus, comme c'est le cas pour une étudiante québécoise :

> «*C'était le baiser le plus innocent de ma vie parce que la seule chose qui m'est venue à l'esprit est "C'est ça, un* French kiss*?"*»

Plusieurs personnes qui n'avaient pas ressenti d'émotions intenses lors du premier baiser en gardent un souvenir décevant, un regret de n'avoir pas été emportées. Elles avaient imaginé un scénario grandiose ; mais la réalité s'est avérée bien ordinaire et bien souvent elles s'en excusent ou rapportent d'autres expériences qui ont été davantage à la hauteur de leurs espérances.

Les expériences négatives

> «*Heureusement, par la suite j'ai eu des petits amis qui embrassaient beaucoup mieux, mais pas un pire que lui !*» (Étudiante québécoise)

Environ un jeune sur dix vit son premier baiser comme une expérience plutôt négative où se mêlent angoisse, dégoût et indifférence. Plusieurs disent n'avoir «*pas vraiment aimé ça*» et d'autres écrivent : «*je n'ai vraiment rien ressenti à part un peu de colère.*» (Étudiante québécoise) – La plupart de ces mauvaises expériences sont liées à des problèmes «techniques» ou à des sensations de dégoût. Un surplus de salive, une mauvaise haleine, des dents qui se heurtent, l'ignorance des étapes de la séduction, etc. ont entraîné des expériences comme celles-ci:

>*«On se cognait les dents et j'avais mauvaise haleine. Ce n'est donc pas un très bon souvenir!»*(Étudiant québécois)

>*«C'était un* French kiss *qui m'embarrassa et me dégoûta plus qu'autre chose.»* (Étudiant suisse)

>*«J'étais dégoûtée et j'ai été me rincer la bouche.»* (Étudiante québécoise)

D'autres expliquent ces mauvaises expériences, vécues comme des échecs, par un manque d'amour, des pressions sociales trop fortes, des peurs infondées, de la timidité ou encore des regards réprobateurs. Une seule personne a évoqué des sentiments de culpabilité. Il raconte avoir été initié très jeune par sa cousine plus âgée et *«par la suite, j'ai senti une sorte de culpabilité. Comme si ce que j'avais fait n'était pas correct.»* (Étudiant québécois) Une autre a éprouvé des regrets: *«Par la suite je me suis sentie bien et, peu après, je l'ai regretté un peu, car je me disais que ça n'aurait rien changé à notre relation.»* (Étudiante québécoise) Un troisième était partagé entre le sentiment de faire quelque chose de mal et le plaisir: *«Je ressentais quelque chose d'interdit, et en même temps, je voulais recommencer.»* (Étudiant québécois).

Dans la plupart des cas cependant, les sentiments négatifs ressentis au début du baiser se sont rapidement estompés pour se développer et fleurir en une sensation plaisante et agréable, comme le sous-entend cette jeune femme:

>*«C'était mouillé et mélangeant, car j'ignorais qu'on s'embrassait avec la langue. Au début je détestais cela, mais par après...»*

Les expériences anxiogènes

Nous avons vu que les jeunes nourrissent un certain nombre d'attentes et de fantasmes envers leur premier baiser. Beaucoup ont peur la première fois, ils sont trop gênés, craignent de ne pas savoir s'y prendre ou d'être rejetés. Au moment d'embrasser leur partenaire, certains jeunes ressentent une bouffée d'émotions négatives les envahir, ils paniquent:

> «*Au même moment j'étais paniqué et j'étais très gêné.*» (Étudiant québécois)

> «*J'étais vraiment, mais vraiment stressée. J'en tremblais presque.*» (Étudiante québécoise)

Ces sentiments de gêne et d'anxiété perdurent parfois bien après le baiser. Ils se traduisent par un stress émotif ou un évitement du ou de la partenaire. Ces sentiments s'estompent difficilement, comme en témoignent deux jeunes femmes:

> «*Je ne savais plus trop quoi faire, j'en ai été affolée pendant au moins une semaine.*»

> «*Mon cœur battait très rapidement et j'étais très gênée, même que je n'osais plus lui adresser la parole.*»

Grandir: l'évolution des significations

> «*J'ai reçu mon premier baiser sur la bouche, en troisième année soit vers l'âge de sept ou huit ans, je crois. C'était l'amour de ma vie, puisque c'était ma première petite amie. Je croyais me marier avec elle.*» (Étudiant québécois)

Si à sept ans on imagine épouser notre petite voisine ou notre camarade de classe... on s'aperçoit vite que du premier baiser au mariage la route est longue. Le sens que prend un baiser dans une imagination d'enfant ou d'adolescent va se modifier avec le temps, il s'enrichira des nouvelles expériences et des changements que l'individu vivra dans ses relations amoureuses et sexuelles.

Une majorité des étudiants universitaires interrogés (62 pour cent) affirment que la signification qu'ils donnent au baiser a changé depuis leur première expérience.

Les femmes ont d'ailleurs été plus nombreuses à rapporter des changements. Si les premières réponses à la question de savoir ce qui avait changé ont été: «*Tout, l'envie, aimer ça, la technique, l'échange, l'abandon*» (Étudiante québécoise); «*l'intention, le pourquoi, l'interprétation, la signification*» (Étudiant québécois); ou alors «*les sensations, les émotions, la situation, les lieux et la signification*» (Étudiante suisse), d'autres réponses ont été plus précises et nous ont expliqué l'évolution des sentiments et des facteurs qui y sont associés. Les réponses s'articulaient autour de trois dimensions. La première correspond au passage du public au privé – à l'intime, soit l'éveil à l'amour et aux sentiments. La deuxième est l'ancrage du baiser dans une dynamique de relation de couple. Et la troisième est marquée par une augmentation ou au contraire une diminution de la part du sexuel et de l'excitation physique.

Aucune différence majeure entre les réponses des femmes et des hommes ainsi que celles des Suisses et des Québécois n'a pu être notée. Le changement le plus souvent rapporté concerne le rôle du sentiment amoureux. Si le baiser s'échangeait souvent lors des premières expériences *«pour voir comment on fait»*, il deviendra dans la vingtaine un symbole d'amour et de rapprochement. Les étudiants notent souvent ce passage:

> *«Il était un défi, une curiosité, quelque chose que je devais faire avec mon petit ami et que je voulais faire par plaisir, mais aujourd'hui, c'est un acte d'amour.»* (Étudiante québécoise)

> *«D'une curiosité sur la sexualité il est devenu une devise pour un passage sentimental.»* (Étudiante suisse)

> *«Aujourd'hui, c'est une expérience non plus technique mais plutôt sensuelle, qui est le signe de grande intimité et de rapprochement.»* (Étudiante québécoise)

Dans la vingtaine, le baiser prend son sens dans une relation d'amour et d'échange. Il n'est plus le prétexte à des valorisations identitaires ou au sein du groupe, comme chez les adolescents, mais il devient une composante essentielle de la relation amoureuse et sexuelle :

> *« Ça ne sert plus à me prouver quelque chose, c'est plus le début d'un don de soi, un échange. »* (Étudiante québécoise)
>
> *« J'y communique plus mon amour. »* (Étudiant québécois).
>
> *« Le baiser est devenu un moyen d'exprimer sentiments et désirs. »* (Étudiante suisse)
>
> *« Il y a maintenant l'amour en plus. »* (Étudiant suisse).

L'évolution de ses significations est intrinsèquement liée à celle des relations de couple et au développement de la sexualité. Avec la fin de l'adolescence, les jeunes commencent à former des couples plus stables et commencent à connaître une plus grande intimité, à la fois physique et émotionnelle. Ces nouveaux modes d'interaction viennent alors enrichir les significations d'un geste comme le baiser. À la notion d'amour et de relation de couple s'attache celle d'exclusivité et de fidélité. Le baiser se réserve de plus en plus à la personne aimée, comme l'avoue un étudiant québécois :

> *« Aujourd'hui je le donne seulement à une fille que j'aime. Je peux faire l'amour avec une inconnue mais pas l'embrasser. »*

Il sera dorénavant réservé à des personnes et des moments significatifs sur le plan sentimental, exprimant un engagement à saveur sexuelle, une limite entre la relation amicale et le désir physique. Dans le processus de séduction et de la création du couple, le baiser joue essentiellement deux rôles : celui d'une étape et celui d'une marque. Il agit en tant que signe, indiquant pour les partenaires comme pour leur entourage qu'une nouvelle relation se forme et évolue. Il est un geste qui fonde le couple et qui en est inséparable. En cela, il gagne en importance, devenant de plus en plus significatif, de plus en plus essentiel. Des jeunes racontent à ce propos :

«*Le baiser est une étape très importante du processus amoureux qui sert à rapprocher le couple et au partage des corps.*» (Étudiant québécois)

«*Ce qui change, c'est la relation entre les partenaires avant le baiser, car il faut maintenant des sentiments plus forts pour s'embrasser et plus d'investissements par rapport à la relation.*» (Étudiante suisse)

«*C'est quelque chose de beaucoup plus important pour moi dans une relation de couple. Avant, même s'il n'y avait pas de baisers la relation était quand même satisfaisante.*» (Étudiante québécoise)

Pour plusieurs, le baiser est également devenu un geste plus sexualisé, «*plus passionnel et désirant*» (Étudiante suisse), «*plus sexuel et moins romantique*» (Étudiant suisse). Les femmes semblent à ce propos vivre l'éveil aux sensations de plaisir lié à la sexualité uniquement vers la fin de l'adolescence:

«*C'est quelque chose que j'ai dû apprendre, surtout à partir de la fin de mon adolescence, [...] quelque chose que j'ai découvert. [...] Faire l'amour c'est exactement comme le baiser quand j'étais plus jeune, c'était quelque chose de mécanique qui avait lieu, qui se passait avec mon corps... mais pendant lequel je n'étais absolument pas présente sur le plan sensoriel.*» (Étudiante suisse)

Pour d'autres, surtout des Québécois, il est au contraire «*passé d'un acte purement physique à un geste de reconnaissance ou d'amour.*» (Étudiant québécois). Si ces réponses semblent de prime abord contradictoires, elles réfèrent à un même processus: l'intégration des dimensions sexuelles, amoureuses et identitaires. Vers le fin de l'adolescence, les affaires de cœur ne s'opposent plus à celles du corps, elles peuvent être perçues comme deux faces d'une même réalité:

«*Maintenant, je le vois comme un geste de partage, de démonstration d'affection, pas simplement quelque chose de physique (quand j'étais plus jeune je le voyais comme ça).*» (Étudiante québécoise)

Mais encore, si pour certains le premier baiser s'est révélé une expérience désagréable, associée à des représentations négatives et envisagée avec crainte et dégoût, plusieurs se sont débarrassés depuis de ces aversions et ont acquis une plus grande maîtrise des émotions, des sensations et des situations. «*Avant il était une simple obligation, un mauvais moment à passer*» (Étudiante suisse), mais il est devenu plus agréable, «*il n'est plus aussi dégoûtant*» (Étudiant québécois), et comme le dit sagement une Suissesse: «*on apprend à mieux l'apprécier avec l'âge.*» La gêne et le dégoût s'estompent tandis que le plaisir s'accroît.

Il est intéressant de noter que si, pour la plupart des sujets, les changements vont dans le sens d'une connotation amoureuse plus importante et de significations surtout liées au contexte d'une relation amoureuse exclusive, pour d'autres, une minorité, le baiser a perdu de son charme et de sa signification, devenant moins excitant que ces premiers émois. Avec l'habitude, l'émotion s'est estompée, l'importance est retombée, geste «*banalisé*», le baiser a été «*démystifié*» (Étudiants suisses), perdant ainsi une partie de son potentiel érotique et symbolique.

L'âge au premier baiser: un facteur déterminant

Nuit de juin! Dix-sept ans! – On se laisse griser.
La sève est du champagne et vous monte à la tête...
On divague; on se sent aux lèvres un baiser
Qui palpite là, comme une petite bête...

Arthur Rimbaud, *Poésies*, Roman II

Le vécu et les représentations du premier baiser semblent essentiellement dépendantes de l'âge auquel celui-ci a eu lieu. Les répondants ont été divisés en deux groupes: ceux qui ont embrassé dans un contexte amoureux à 13 ans et moins, que nous appellerons ici «les précoces» et ceux qui ont embrassé après 13 ans, «les tardifs». La comparaison des réponses de ces deux groupes fait apparaître deux expériences du premier baiser fort différentes.

Les précoces rapportent des expériences marquées par une forte participation à des jeux de baiser, qu'ils ont aussi plus appréciés que les tardifs. Ils avaient des motivations plus conformistes, moins romantiques, et leur vécu est globalement moins positif.

Le choix des partenaires et des lieux du premier baiser varie également. Un milieu anonyme semble être favorisé par les tardifs, qui minimisent ainsi les influences de l'entourage, alors que les précoces, plus sensibles aux motivations conformistes, préfèrent les lieux publics ou familiers à leur groupe de pairs. Les tardifs étaient plus nombreux à embrasser une personne dont ils étaient amoureux, alors que les précoces ont choisi en plus grand nombre une personne qui était leur petit ami ou un camarade d'école. Il semble là aussi que pour les seconds, l'expérience prenne place dans les activités du groupe de pairs, comme c'est le cas à l'école.

Si nous analysons ces deux types d'expérience, deux idéologies de la sexualité s'opposent: celle de la performance et celle de l'hédonisme. La sexualité est perçue dans les deux cas comme une quête, mais c'est l'objet de cette quête qui varie. Dans la première, la performance, l'objet recherché est d'ordre extra-individuel: c'est la reconnaissance par le groupe social; tandis que dans la seconde, l'hédonisme, l'objet est d'ordre intra-individuel et inter-individuel: c'est le plaisir, l'harmonie, le sentiment amoureux. Les précoces s'enferment dans une conception des rapports à l'autre et de leur sexualité axée sur l'acquisition des techniques, la variété des partenaires et l'endurance. Les tardifs, par contre, ont eu le temps de développer une conception plus hédoniste. Ils valorisent davantage les sentiments amoureux et le plaisir érotique.

Les baisers ne sont plus échangés pour apprendre ou pour rivaliser avec les autres, mais dans un désir de partage et de plaisir.

L'analyse de l'évolution des représentations du baiser que nous avons esquissée va également dans ce sens. Elle montre le passage d'un geste social et identitaire à un geste sexuel et amoureux. Le baiser semble, avec le développement de l'individu, s'étendre au cadre plus large de la sexualité, avec *«l'amour en plus»* (Étudiant suisse). Alors que les premiers essais le décontextualisaient, l'utilisaient à des fins identitaires avec des significations purement mécaniques, il s'enracine plus tard dans un ensemble de déterminants affectivo-sexuels qui en font toute la richesse et la subtilité.

Pourtant, malgré les conclusions que nous pourrions tirer de ces résultats, le mode sexuel performatif des plus jeunes ne semble pas lié à une construction de la sexualité plus négative. Il semblerait au contraire que la précocité et l'influence du groupe des pairs jouent un rôle positif, contribuant à former une perception plus hédoniste et ouverte de la sexualité[8].

En fait, loin de laisser d'ineffaçables cicatrices, les premiers baisers sont d'importants moments d'apprentissage, même pour les plus jeunes. Les baisers précoces et la pression du groupe semblent jouer un rôle important dans le développement sexuel. Ils ont une fonction rituelle, permettant l'apprentissage de la communication sexuelle et amoureuse. Ils enseignent le langage de la séduction. Nous pouvons dès lors nous questionner sur la construction de la sexualité et de l'érotisme. Les expériences de

---

8. Comme mentionné dans la note 3, des analyses ont montré que la précocité et les motivations conformistes étaient associées à une plus grande érotophilie, soit à des représentations plus hédonistes et ouvertes de la sexualité.

baisers précoces et motivées par le conformisme ne se-raient-elles pas un passage nécessaire vers la construction d'une sexualité positive et hédoniste? et ne seraient-elles pas, en quelque sorte, des rites de passage dans nos sociétés occidentales, suisse ou québécoise, qui ont «dés-institutionnalisé» les manifestations rituelles? Ne se-raient-elles pas les garants d'une découverte graduelle de l'érotisme, d'un processus qui laisserait le temps aux jeunes de se préparer à la relation intime, à la découverte de leur corps et de celui de l'autre?

Hommes et femmes

Les femmes et les hommes vivent l'expérience du premier baiser selon des registres différents. Les expé-riences négatives, surprenantes et entourées d'affects an-xiogènes ont été plus marquées chez lez femmes. Ces dernières ont également moins apprécié les jeux de baisers et manifestaient plus d'inquiétudes avant leur première expérience.

Ces résultats concordent avec d'autres recherches sur la sexualité. En effet, il semblerait que les femmes vivent leurs premières expériences sexuelles plus négativement que les hommes. Elle en sont moins satisfaites et ressen-tent moins de joie et de bien-être[9].

Comment expliquer ces résultats? L'âge au premier baiser pourrait contribuer à cette configuration. Les femmes ont donné leur baiser plus précocement que les hommes, pratiquement une année plus tôt et, comme nous l'avons vu, l'âge au premier baiser est une variable déterminante dans la façon dont il est vécu. Une autre ex-plication serait liée à l'écart d'âge entre la jeune adoles-cente et son partenaire. Les femmes étaient de deux ans

---

9.   DONALD, M., LUCKE, J., DUNNE, M. et RAPHAEL, B. «Gender Differences Associated with Young People's Emotional Reactions to Sexual Inter-course», *Journal of Youth and Adolescence*, vol. 24, n° 4, 1995, p. 453-464.

plus jeunes que leur partenaire, alors que cette différence d'âge était pratiquement nulle pour les hommes. Cet écart d'âge jouerait en défaveur des femmes, probablement en raison des relations de pouvoir inégalitaires qu'il implique. En effet, entre 12 et 15 ans, deux années creusent un fossé considérable entre les attentes, les connaissances, le savoir-faire, les représentations de la sexualité et la confiance en soi.

Conclusions

Le premier baiser est un moment magique, angoissant et attendu, surprenant et chargé de promesses. Le novice fantasme son premier baiser, il l'imagine romantique ou débordant de salive, il le prépare en s'exerçant avec sa cousine, sa voisine ou ses amies de l'école puisqu'il s'agit d'être prêt pour «le jour béni du premier baiser». Il ne faut pas se tromper, mal embrasser, saliver, mordre les lèvres offertes. Il faut plaire, séduire, montrer à tout le monde que maintenant on sait, que maintenant on commence à être adulte. Car le baiser, le tout premier comme d'autres plus tard, est un rite de passage. Il rencontre les émois d'une sexualité naissante tout en abandonnant ceux de l'enfance. Il comble les premier élans amoureux qui enflamment ces cœurs neufs.

Mais le baiser s'apprend, au point de vue technique d'abord, partie qui inquiète passablement les jeunes, et au point de vue symbolique ensuite. Sa signification, les images qui lui sont associées, ses représentations, évoluent avec le temps. Il passe d'un geste souvent public, peu sexualisé et expérimental, à une marque d'amour intime, de sexualité et d'échange. Il grandit avec l'individu et s'ouvre avec lui aux nouvelles dimensions de la vie amoureuse: à la relation de couple, à l'échange, au partage de l'intimité et au contact des corps. Il va peu à peu se diversifier et intégrer dans une structure représentationnelle complexe des aspects symboliques, relationnels et érotiques que nous verrons dans le chapitre suivant.

CHAPITRE IV

Entre l'affectif et le corporel... les couleurs des baisers d'aujourd'hui

Bouches gourmandes des couleurs
Et les baisers qui les dessinent

Paul Éluard, *L'amour la poésie*, XVI

Après avoir exploré l'expression des premiers baisers, les facteurs qui les modulent ainsi que l'évolution de leur signification, nous approfondirons maintenant les représentations contemporaines de ce geste, ses fonctions, de même que sa valence et les craintes qui lui sont associées. Nous verrons alors émerger un tableau complexe où de multiples dimensions s'interpénètrent et se répondent, sans en épuiser définitivement les significations.

Le champ sémantique

L'analyse des représentations du baiser chez nos répondants à montré qu'elles s'articulent autour de référents amoureux, relationnels, érotiques et symboliques.

> ### Les champs sémantiques du baiser:
> **Quels sont, pour vous, les représentations associées au baiser?**
>
> **Faites le test suivant.** Pensez au baiser, et notez, sans trop y réfléchir, et le plus vite possible, tout ce qui vous vient à l'esprit.
>
> ⇒ Les réponses des étudiants se trouvent à la fin du chapitre.

L'exercice de définition du baiser par un jeu d'associations d'idées dépeint un tableau du baiser empreint à la fois de douceur et d'amour, de sensualité et de symbolisme. Il y apparaît principalement comme un geste tendre et amoureux, signe de partage et d'échange. Les aspects sensuels et érotiques viennent en deuxième plan. De plus, il rappelle quelques éléments métaphoriques et symboliques de l'ordre du manger ainsi que certaines allusions à un érotisme plus violent et à une recherche existentielle du sens.

L'analyse de ces champs sémantiques, ainsi que des différentes conceptions et expériences rapportées en entrevues, fait apparaître une articulation complexe des différentes significations du baiser dans laquelle chaque élément renvoie à un autre ensemble sémantique pour former une sorte d'ensemble représentationnel mouvant dont le noyau peut être représenté par le diagramme circulaire suivant:

Articulation des significations
contemporaines du baiser
(Les référents symboliques sont représentés en italique et
les référents relationnels en caractères romains)

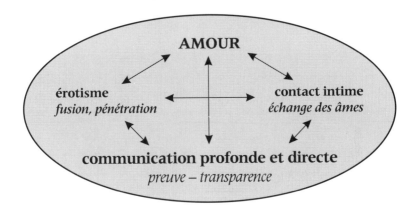

Dans cette polysémie du baiser, l'amour est la clé de voûte de la construction, il unit et génère les autres niveaux qui s'articulent à la fois dans un registre relationnel et symbolique. Le premier registre correspond au langage contemporain. Il s'inscrit dans un discours psychologisant qui renvoie à la sexualité et à la communication entre les individus. Le second registre fait allusion aux contenus symboliques qui constituent des analogies contemporaines à d'anciens référents, essentiellement religieux.

Afin de préciser les significations du baiser, nous avons demandé aux participants qui ont rempli le questionnaire de donner leur degré d'accord à une liste de propositions. Par exemple: le baiser est un geste romantique, un préliminaire, une obligation, etc. À partir de cet ensemble de réponses, un test statistique a permis de mettre en évidence les principales tendances qui modulent les significations du baiser. Six grandes significations ont ainsi émergé. Le baiser représente par ordre d'importance:

1. Un geste érotique: un excitant, le signe du désir physique, un préliminaire et un geste provoquant des sensations agréables.

2. Un tendre rapprochement: un geste de tendresse, une façon de se rapprocher, de partager et d'échanger, un geste romantique.

3. Un mode de communication: une façon de s'ouvrir à l'autre et de communiquer sans paroles.

4. Un geste révélateur de vérité: il trahit les véritables sentiments, permet de sentir si l'autre aime et désire réellement.

5. Un geste amoureux: un acte d'amour, un geste rassurant, un signe de grande intimité et de la présence sentimentale de l'autre.

6. Un geste négatif: une obligation et un geste insignifiant.

Le baiser c'est...	
un geste érotique à	69 %
un tendre rapprochement à	62 %
un mode de communication à	56 %
un geste révélateur de vérité à	47 %
un geste amoureux à	36 %
et un geste négatif à	1 %

Comme on peut le voir dans l'encadré, le baiser prend surtout des significations positives dans lesquelles érotisme et tendresse prédominent. Les significations amoureuses, bien que présentes, sont plus effacées. Le baiser s'ancre dans un ensemble de significations évoquant la sexualité, le partage, la communication, la transparence et l'amour, des valeurs centrales dans le discours occidental contemporain, alors que les valeurs négatives sont irrévocablement rejetées. Les femmes se montrent plus romantiques et accordent plus d'importance que les hommes aux aspects affectifs et communicationnels du baiser. Ce romantisme est partagé par les plus jeunes pour qui le baiser est significativement plus perçu comme un tendre rapprochement, un geste amoureux et un mode de communication. Ils jugent aussi moins agréable d'embrasser des personnes qu'ils n'aiment pas et l'émergence de sensations physiques lors du baiser dépend chez eux surtout de facteurs relationnels (être amoureux, se sentir à l'aise avec cette personne, etc.). Les personnes croyantes considèrent que ces facteurs interviennent sur les sensations physiques lors du baiser, alors que les non-croyants accordent plus d'importance aux aspects négatifs et ont davantage tendance à accepter le baiser en dehors de relations privilégiées.

Abordons plus précisément les représentations du geste amoureux, du geste relationnel, les différents aspects de la dimension érotique, les craintes, le baiser dans le couple et les différences homme-femme.

Un geste amoureux

> Pose ton souffle sur ma bouche,
> Que ton âme y vienne passer!
> Oh! restons ainsi dans ma couche,
> Jusqu'à l'heure de trépasser!

Alfred de Musset, Premières poésies,
Madame la Marquise

Le baiser c'est avant tout l'amour: amour partagé, exprimé, prouvé, «*symbole d'amour renouvelé*» (Étudiant suisse). Les représentations contemporaines du baiser, au cinéma comme dans les romans roses, confirment d'ailleurs cette prééminence. Preuve d'amour, symbole de la profondeur des sentiments qu'il permet d'exprimer, il est le langage qui révèle les sentiments à l'égard de l'autre. Cette image, thème majeur de l'érotique occidentale, renvoie aussi à des relations qui se vivent sur le mode de l'échange: don de soi et réception de l'autre, partage des sentiments et des désirs. Comme l'exprime une étudiante suisse: «*Embrasser c'est donner une partie de soi, c'est aussi recevoir.*»

Image de la communion entre amants, il se nourrit encore de la vieille conception de l'échange des souffles, comme l'exprime une étudiante québécoise:

> «*Le baiser c'est un échange de souffles, de respirations... C'est une méditation. C'est quelque chose d'extrêmement intime. Le baiser c'est aussi intime que la relation sexuelle, ou que le coït en soi parce que le coït ce sont des échanges de fluides vitaux ou de fluides corporels. C'est la même chose. Il y a la salive, le souffle. C'est comme la base de la vie, si tu ne respires pas, tu meurs.*»

Une relation sans baiser témoigne d'ailleurs d'un manque d'amour, comme le suggère un étudiant québécois:

> «*Si jamais je faisais l'amour avec une personne que je n'embrasserais pas, c'est déjà un signe que je n'ai pas d'amour pour elle. Juste de ne pas l'embrasser montre quand même un certain détachement de la personne. Si tu es attaché à la personne, tu vas échanger de la tendresse et puis, le baiser c'est la base.*»

Le romantisme et la passion lui sont aussi associés, sans cependant, comme c'était le cas dans les idéologies passées, s'articuler sur l'image de la mort ou du malheur, qui sont absents du vocabulaire actuel des étudiants. Comme l'a montré Denis de Rougemont, la passion amoureuse est en Occident l'expression d'un amour malheureux[1]. Elle entretient d'étroites amitiés avec la mort puisqu'elle était une façon de lui échapper par un désir qui

---

1.   DE ROUGEMONT, D. *op. cit.*, p. 65: «L'amour heureux n'a pas d'histoire dans la littérature occidentale. Et l'amour qui n'est pas réciproque ne passe point pour un amour vrai. La grande trouvaille des poètes de l'Europe, ce qui les distingue avant tout dans la littérature mondiale, ce qui exprime le plus profondément l'obsession de l'Européen: connaître à travers la douleur, c'est le secret du mythe de Tristan, l'amour passion à la fois partagé et combattu, anxieux d'un bonheur qu'il repousse, magnifié par sa catastrophe – l'amour réciproque malheureux.»

n'avait pas de fin. Les poètes de la Renaissance verront ainsi la réalisation de l'union des amants dans la mort, tout comme ceux du mouvement romantique plus tard.

Pour cet auteur, nos valeurs contemporaines sont d'ailleurs élaborées à partir d'une éthique de la passion. La passion est une valeur sûre aujourd'hui, ou en tout cas, elle est désirable. Mais celle-ci s'est passablement démocratisée, elle est devenue une denrée de consommation de masse, chantée sans cesse et recherchée par tous. Il suffit pour s'en convaincre de diriger un regard attentif aux productions cinématographiques et romanesques, ainsi qu'à tous les manuels de vulgarisation sur l'amour et la sexualité qui expliquent au consommateur comment faire naître l'amour et comment le faire durer. Cette aspiration vers l'union dans l'amour semble se traduire dans les propos des sujets par une recherche de l'intimité, recherche qui utilise le baiser comme un instrument.

Mais si aujourd'hui cette éthique de la passion reste encore prégnante, elle semble s'être débarrassée, du moins dans l'expression du baiser, de son côté tragique. Nulle transcendance ne semble donc accompagner ses significations qui reflètent plutôt les valeurs dominantes de la société contemporaine basée sur l'hédonisme, et l'ici et maintenant.

Parmi les sentiments associés au baiser dominent en effet l'affection, la tendresse et la douceur, en particulier chez les femmes, alors que les connotations sado-masochistes ou la quête de la transgression n'interpellent que quelques-uns des répondants. Ces modèles de sérénité et d'harmonie appartiennent d'ailleurs à la palette des valeurs sexuelles prônées par les Québécois[2]. Le baiser

---

2. SAMSON, J.-M. et LÉVY, J.J. *Orientations et hiérarchie des valeurs générales et sexuelles de la communauté juive francophone de Montréal*, Montréal, Département de sexologie, Université du Québec à Montréal, 1988.

contemporain symbolise donc l'amour, un amour qui s'inscrit dans un modèle de réciprocité et qui échappe à l'éthique du malheur pour se réaliser dans une union réell, tendre et positive.

Un geste relationnel

Sur ces premières représentations viennent s'articuler les référents liés à la relation et à la communication. Trois registres de représentations transparaissent dans les propos des répondants, un premier qui s'ancre sur les éléments anatomiques, la bouche et le contact physique; un second qui fait référence à la communication non-verbale; et un troisième qui évoque l'intimité.

Le baiser implique le contact des bouches, lieu ouvert et réceptif, masculin et féminin à la fois, il permet un échange qui se vit dans la réciprocité. Il n'y a pas de passivité, les deux partenaires donnent et reçoivent à la fois dans un geste au symbolisme hermaphrodique. La bouche – et par association – le baiser apparaissent dans l'imaginaire des sujets comme une ouverture de soi vers l'autre, représentés comme :

> «*Une porte, c'est par là que tu manges. Tu l'ouvres à une autre personne et tu communiques par les ouvertures... tu peux sentir tout proche.*» (Étudiant québécois)

Lieu d'émergence du souffle et de la parole, mode de communion et de communication, il court-circuite le langage et la pensée pour faire place à un échange perçu comme plus direct, plus intime :

> «*C'est... un échange, c'est un moment de communication, très fort, je pense. C'est très puissant parce qu'il va au delà des mots, parce qu'il ne doit pas passer par le langage et la pensée. [...] Disons que le baiser, a été pour moi comme le moyen, comme le premier moyen d'entrer dans une communication non-verbale, et plutôt réussie, un échange non-verbal.*» (Étudiante suisse)

Cette communication profonde et non-verbale permet d'entrer dans la sphère intime de l'autre et de la saisir:

> *«Pour moi, le baiser c'est une façon de se rapprocher des gens, de rentrer dans l'intimité, d'entrer dans un espace vital. Parce qu'on est toujours séparé des gens par un espace. Quand tu donnes un baiser, tu rentres dans l'espace de l'autre et tu partages.»* (Étudiante québécoise)

Il devient ainsi un moyen privilégié d'atteindre une véritable intimité, que l'on peut définir comme une révélation mutuelle de soi impliquant un partage des pensées, un engagement dans la relation, une affection réciproque et une sexualité active. Selon Sternberg[3], l'intimité serait ainsi une des trois composantes de l'amour[4] et serait liée aux sentiments de proximité et de connexion qui sont souvent rapportés par les répondants.

Le partage d'un baiser semble jouer à un niveau si profond que les émotions s'y transmettent dans toute leur vérité et leur pureté. Le *French kiss* est ainsi souvent associé à un geste révélateur de la profondeur des sentiments – un sérum de vérité en quelque sorte – assurant la transparence des êtres et permettant de lire dans les cœurs. Il ne peut donc théoriquement trahir, car la personne qui embrasse peut lire dans son partenaire qui communique alors directement avec elle, intuitivement, totalement. Le baiser crée la transparence nécessaire à un échange égalitaire et vrai, il permet une lecture, preuve sensible de la pureté des sentiments. Pourtant, il est aussi dissimulation, simulation et trahison. Cette conception aux origines bibliques

---

3. STERNBERG, R.J. «A Triangular Theory of Love», *Psychological Review*, vol. 93, 1986, p. 119-135.

4. L'amour est représenté comme un triangle dont les faces sont: l'intimité, la passion et l'engagement. Chaque sentiment amoureux réalise une sorte d'équilibre plus ou moins stable entre ces faces, certains ayant plus de passion, d'autres plus d'intimité ou d'engagement.

n'est pas sans rejoindre les thèmes philosophiques contemporains portant sur le visage de l'Autre, visage lieu du baiser à la fois sur le plan du *topos* – du lieu – et du symbole. Il renvoie pour le philosophe Finkielkraut à la présence / absence de l'autre:

> «Le visage a cette particularité fascinante de s'offrir et de se dérober au savoir. Il est le lieu du corps où l'âme se montre et se travestit[5].»

La grande majorité des répondants sont d'ailleurs le plus souvent d'accord pour considérer le baiser comme un geste révélateur de vérité. Cette conception a reçu un assentiment plus marqué de la part des femmes, des personnes croyantes et des plus jeunes.

Cette dimension communicationnelle s'articule sur un érotisme qui renvoie à la rencontre des corps, mais aussi au désir et aux sensations physiques, comme nous allons l'examiner maintenant.

Un geste érotique

> «La caresse est l'attente de cet avenir pur, sans contenu. Elle est faite de cet accroissement de faim, de promesses toujours plus riches, ouvrant des perspectives nouvelles sur l'insaisissable[6].»

La composante érotique dégagée dans les associations d'idées fait ressortir un tableau complexe dans lequel se mêlent des images sensuelles, sexuelles et corporelles. Le baiser c'est la volupté, l'onctuosité, la moiteur et le frisson; c'est aussi l'attraction, le désir, la sexualité et la pénétration; ou encore l'étreinte, la caresse, la texture de la peau ou le souffle.

5. Finkielkraut, A. *La sagesse de l'amour*, Paris, Gallimard, 1984, p. 31.
6. Levinas, E. *Le temps et l'autre*, Paris, Presses Universitaires de France, 1983 (3ᵉ éd.), p. 82.

En tant que geste érotique, le baiser souligne le désir en même temps qu'il le provoque. L'effleurement des lèvres comme le baiser plus profond préparent et annoncent le plaisir des sens et le désir de la rencontre des corps, la pénétration et la fusion. Ancré dans une corporalité, il utilise la sensorialité, et l'excitation qu'il provoque sert de catalyseur à la relation sexuelle en amplifiant la motivation à une synergie érotique plus grande, en créant «*le désir grandissant d'aller plus loin.*» (Étudiante suisse)

Le baiser joue ainsi plusieurs rôles dans la rencontre corporelle en constituant une étape dans le processus de séduction, un préliminaire au coït ou simplement un moment de plaisir en soi, un «instant d'infini», selon l'image d'Edmond Rostand dans Cyrano de Bergerac. De plus, ses autres référents font de lui un geste de synthèse, reliant l'amour et l'érotisme, les sentiments et les sensations, et introduisant une forte charge symbolique qui vient donner du sens à la relation. Il permet ainsi d'intégrer les dimensions amoureuses, relationnelles et corporelles, tout en faisant intervenir une part d'imaginaire et d'illusion qui accentue la dramatisation amoureuse.

Le baiser séducteur

Son rôle dans le processus de séduction présente plusieurs facettes. Pour certains, il constitue un premier pas et pour d'autres un aboutissement. Il peut être interprété comme une disponibilité à aller plus loin, sous-entendu jusqu'à la relation sexuelle, ou bien lui être directement associé:

> «*Le premier baiser sous-entend que la séduction commence à se faire, que tu arrives à une étape dans le processus de séduction. Tu embrasses, c'est une étape, puis tu fais un* French kiss, *une autre étape, puis après tout devient plus sérieux.*» (Étudiant québécois)

Près de 75 pour cent de nos répondants considèrent le baiser comme un premier pas dans un processus, plus ou moins long, menant à l'acte sexuel; 4 pour cent disent qu'il mène rapidement à l'acte sexuel; alors que 21 pour cent pensent qu'il n'entretient pas de rapport direct avec la sexualité. Cette dernière proposition a reçu un assentiment plus important de la part des Québécois (23 pour cent contre 19 pour cent pour les Suisses), qui attribuent par contre au baiser un rôle plus important dans les relations sexuelles, où il sert de préliminaire, contribue à l'excitation et donne du plaisir, tout en permettant une meilleure communication et une détente. Tandis que les Suisses ont été plus nombreux à se représenter le baiser comme un geste menant rapidement à l'acte sexuel (7 pour cent contre 1 pour cent).

Le goût de l'autre

> Troublé dans l'action, troublé dans le dessein,
> Il rêvera partout à la chaleur du sein,
> Aux chansons de la nuit, aux baisers de l'aurore,
> À la lèvre de feu que sa lèvre dévore,
> Aux cheveux dénoués qui roulent sur son front,
> Et les regrets du lit, en marchant, le suivront.
>
> Alfred de Vigny, *Les Destinées*, La colère de Samson

Ressenti comme voluptueux et tactile, le baiser est empli de sensations agréables que plusieurs considèrent comme sexuellement excitantes. La bouche, organe central, intègre différents modes sensoriels; le toucher, l'odorat et le goût qui interagissent pour créer d'agréables et particulières sensations:

> *«La bouche est une porte proche de ta pensée, proche de tes yeux, proche de ton odorat [...] C'est ta bouche qui est là proche de ton univers des sens. Mais, le baiser a un caractère particulier, une sensibilité qui lui est comme propre, comme un organe différent. En parlant de baiser on peut parler du toucher, c'est une combinaison de plusieurs sens, comme le goût, comme l'odorat. Déjà quand on parle de toucher, même si tu ne goûtes pas l'autre tes sens sont*

impliqués. C'est peut-être ça qui fait que c'est quelque chose de fort.» (Étudiant québécois)

Certains établissent même une hiérarchie des sens selon leur degré d'intellectualité. Le baiser, mettant en jeu des sens jugés plus instinctifs, est alors considéré comme un geste qui ouvre un accès direct vers les plaisirs, court-circuitant l'activité mentale[7]. Les pensées semblent d'ailleurs être perçues comme une entrave aux sensations physiques; les sujets parlent du désir et du plaisir de se laisser aller à ne plus penser à rien, à *«se perdre»* et lorsque cet abandon n'est pas atteint, ils le regrettent.

Le désir se vit alors parfois sur le mode de la pulsion, primaire, envahissante, proche de la compulsion. Il *«devient un appel comme une envie de manger l'autre, un besoin, quelque chose de compulsif.»* (Étudiant suisse). Des connotations alimentaires sont d'ailleurs rapportées, faisant appel à la polarité de la douceur et du sucré: miel, chocolat et sucreries lui étant associés.

D'autres suggèrent l'idée d'une sensibilité propre au baiser, un subtil émoi qui ne se limiterait pas à la somme des différents modes sensoriels mais qui renverrait à une sensation propre à l'utilisation de la langue. Étonnamment, le rôle de cette partie du corps n'est que rarement évoqué en sexologie. Il semblerait pourtant qu'elle joue une part non négligeable dans les manifestations de l'excitation, que ce soit par un profond *French kiss* ou à travers le contact de la peau du partenaire sous la caresse de la langue. Le goût de l'autre, son odeur, mais aussi ce toucher particulier du baiser, transportent les amants dans des états d'intense excitation. Une étudiante suisse rapporte ainsi la sensualité de ces jeux érotiques[8]:

---

7. Cette conception est le corollaire «érotique» du baiser communication directe et non-verbale que nous avons vu dans la partie précédente.

8. Pour une explication de l'innervation et du plaisir des caresses de la bouche et de la langue, voir: Docteur LELEU, *Le Traité des caresses*, Paris, Encre, 1983, p. 111-114.

> «*C'est presque un geste de petit chaton en train de boire son lait, ou un animal qui lèche son maître, quelque chose comme ça. Et j'en ai absolument besoin. Je me rends compte que la plénitude, je l'atteins plus facilement à partir du moment où je me sers de ma langue. Et si la personne en plus y répond, et que donc on s'embrasse, bouche contre bouche, alors là c'est vraiment très fort pour moi... ce qui arrive rarement si je ne me sers pas de ma bouche.*»

Ce propos n'est pas sans rappeler l'analyse de Golse[9], pédiatre, psychiatre et psychanalyste:

> «Le baiser n'est-il pas, en effet, le symbole même d'une libidinalisation – et des renversements qu'elle suppose – de toute une série d'actes primitifs tels que le manger, le mordre, le prendre en soi? Le baiser apparaît alors comme une ombre d'emprise, effleurant et respectant l'objet au lieu de l'engloutir, de le lacérer et de l'assimiler. D'où le sexuel comme renoncement à la mainmise, dans le meilleur des cas.»

Le baiser reflète en effet un ensemble de significations de l'ordre de l'assimilation, du mettre en soi. Qu'elles s'actualisent sur le plan du manger ou sur celui de la fusion entre les partenaires, ces significations s'étayent sur les fonctions et les symboliques de la bouche, le manger, le goût, la parole, dans lesquels la langue joue un rôle primordial.

Cette dernière vient également, à un niveau symbolique, marquer la limite entre un geste sexuel ou amical. Ainsi tant pour les Suisses que pour les Québécois, le *French kiss*, d'ordre essentiellement privé et intime, constitue une frontière, et son échange en dehors du couple correspond pour beaucoup à une infidélité. Les associations de mots le lient d'ailleurs à l'exclusivité de la relation, à la confiance, au respect et à la responsabilité.

---

9. GOLSE, 1997, *art. cit.*, p. 99.

La communion intime

Si le baiser dans la relation sexuelle a une fonction de préliminaire et d'excitant, il sert également d'instrument de communication. Il «*permet de garder le contact en faisant l'amour*» (Étudiante suisse) et de s'assurer de l'implication émotive du partenaire:

> «*Au cours d'une relation sexuelle, le baiser est extrêmement important. C'est presque comme si, même s'il y a pénétration, même si il y a coït, il faut absolument qu'il y ait le contact des bouches. Pour me sentir vraiment entièrement en contact avec la personne, mais aussi pour être rassurée. Je sens que la personne est présente si elle est en train de m'embrasser. Ce dont je ne suis pas certaine lorsqu'il y a coït ou autre chose et que la bouche n'est pas en jeu et ne joue pas un rôle.*» (Étudiante suisse)

Les femmes, qui semblent particulièrement sensibles aux aspects symboliques du baiser, le conçoivent comme un moyen d'introduire l'amour et la communication dans les relations sexuelles. Certaines le préfèrent même parfois au coït puisqu'il permettrait une plus grande communication entre les partenaires. D'autres, par contre, favorisent la pénétration, qui, malgré les ressemblances symboliques qu'elle entretient avec le baiser, est une activité sexuelle plus complète à laquelle le baiser sert d'introduction:

> «*Pour moi le baiser est comme un mur à franchir et, quand le mur est franchi il y a plusieurs barrières qui tombent. Tu vas te sentir plus à l'aise pour parler de certains sujets. La pénétration... les deux ont des significations, comme tu mets la langue dans l'autre, il y a échange des liquides, il y a une certaine ressemblance. Mais il y a quand même des niveaux, la pénétration sera beaucoup plus privilégiée que des caresses avec la langue.*» (Étudiant québécois)

Les sensations du baiser

Frissons, chaleur, volupté et langueur... l'érotisme propre du baiser éveille une palette de sensations physiques chez la plupart des personnes interrogées. Elles se situent dans un registre allant de la détente à l'état d'alerte corporel:

Sensations corporelles fréquemment ressenties lors du baiser

- Relaxation, détente et calme qui se traduit également par une sensation de faiblesse et de mollesse chez les femmes.
- Sensation de bien-être.
- Sensation de chaleur.
- Frissons, frissons dans le dos, chair de poule.
- Sensation génitales.
- Respiration plus profonde, plus rapide.
- Palpitations, accélérations du rythme cardiaque, état général d'alerte.

Certains décrivent également des manifestations plus psychologiques et émotives, comme l'envie de se rapprocher physiquement de l'autre, de le toucher, ainsi que le désir sexuel. Notons toutefois que plusieurs mentionnent le rôle crucial de certains facteurs sur l'émergence et la qualité des sensations physiques ressenties. Ces facteurs susceptibles d'allumer ou d'éteindre les émois du baiser ont été classés en deux catégories. Ils sont d'ordre relationnel, comme être amoureux et avoir du désir physique, se sentir à l'aise avec l'autre, être sensible à son charme et à son comportement; ou d'ordre individuel, comme l'humeur du moment ou la manière dont le baiser est donné.

Les femmes semblent plus sensibles que les hommes à ces différents facteurs. Elles sont moins susceptibles de ressentir des sensations corporelles intenses lorsqu'elles ne sont pas amoureuses et confiantes, que leur partenaire manque de fougue, ou tout simplement lorsqu'elles ne sont pas d'humeur! Les Suisses, les personnes croyantes et les plus jeunes sont également particulièrement sensibles aux facteurs relationnels et ressentent plus ou moins de sensations physiques selon l'attitude ou le degré d'entente avec leur partenaire.

Le type de sensations physiques ne semble pas varier suivant le genre ou l'origine nationale. Les femmes comme les hommes, et les Suisses comme les Québécois, décrivent les mêmes sensations:

> «*Lorsque le baiser dure plus de 30 secondes, l'intensité augmente et je ressens des frissons. J'ai envie de prendre mon petit ami dans mes bras, toujours plus fort.*» (Étudiante québécoise)

> «*Je me sens molle et frivole, j'ai le cœur qui palpite. Je sens la chaleur au niveau de mes organes génitaux.*» (Étudiante québécoise)

> «*C'est un sentiment fort et doux qui m'envahit. C'est un paradoxe: nous sommes immobiles et le feu brûle en nous.*» (Étudiante suisse)

> «*Un courant électrique discret parcourt ma colonne, le plexus, se rend jusqu'à la pointe de mes seins puis redescend... plus bas... (Ça, c'est les meilleures fois!)*» (Étudiant québécois)

> «*Très souvent un mélange entre une grande relaxation et un désir intense de serrer ma partenaire dans mes bras.*» (Étudiant suisse)

Les sensations décrites peuvent parfois atteindre un paroxysme qui se rapproche des sensations orgasmiques. Les amants sont transportés dans des états seconds, des états de conscience modifiée. Le baiser transporte dans une dimension «*atemporelle*» (Étudiant suisse) où «*plus rien ne compte*» (Étudiante suisse). Il engendre la «*perte des relations avec la réalité et le temps*» (Étudiante suisse), «*un sentiment de se laisser emporter*» (Étudiante suisse). Certaines descriptions évoquent d'inexprimables sensations:

> «J'avais des picotements un peu partout, je ne sentais plus mes jambes... J'avais l'impression de ne plus pouvoir respirer ou de respirer trop vite. Je ne sais pas comment le dire... ce que je peux décrire est encore loin de ce que je

ressentais. C'était tellement bien que je ne pensais plus à rien, je me sentais agréablement vide. Je planais. C'était un peu comme après un orgasme mais sans descente, je restais "en haut"... c'était bizarre.» (Étudiant suisse)

D'un point de vue strictement anatomique, de telles émotions et sensations se justifient difficilement. La langue et l'intérieur de la bouche sont certes des zones particulièrement innervées, mais plus que le frottement des muqueuses, ce sont les sentiments transmis dans ce geste symbolique qui font naître l'extase. Et, si le baiser est capable d'émouvoir à ce point, c'est peut-être en raison de sa forte charge émotive et symbolique. C'est ce qu'il dit, plus que ce qu'il fait, qui lui donne son importance dans les comportements sexuels, tout comme dans son utilisation médiatique d'ailleurs. À titre illustratif, notons que des textes de conseils religieux du Moyen Âge rapportés par Carré parlent également de la possibilité d'avoir un orgasme lors du baiser:

«As-tu donné un baiser à une femme à cause d'un désir immonde et t'es-tu ainsi pollué? Si tu l'as fait: tu feras pénitence trois jours au pain et à l'eau. Cela se produirait-il dans une église: 20 jours de pénitence au pain et à l'eau[10].»

Intégration et humanisation

Le baiser, comme nous l'avons vu, relie les différentes dimensions de la sexualité: le relationnel, le désir, le corporel et l'affectif. Il contribue ainsi à insérer l'érotisme dans un discours amoureux, «spirituel» et symbolique. Il servirait d'une part à *«faire comme s'il y avait de l'amour»*, à introduire des connotations amoureuses dans une relation

---

10. CARRÉ, 1992, *op. cit.*, p. 77. Texte cité provenant du pénitentiel du canoniste Burchard de Worms diffusé aux XIᵉ et XIIᵉ siècles, éd. Schmitz, II, p. 436, c. 10. Le terme «polluer – pollution» doit être ici compris comme «éjaculation». D'autres textes de la même époque parlent «d'émission de semence».

jugée essentiellement sexuelle. D'autre part, il humanise la rencontre des corps et la place ainsi dans une optique jugée par certains comme plus acceptable, plus amoureuse. En ce sens, il justifierait ou valoriserait les relations sexuelles.

Ces représentations du baiser humanisant la sexualité sont largement présentes dans l'histoire occidentale[11] et semblent encore vivantes chez une partie des étudiants interrogés. Certains opposent en effet baiser et pénétration, le premier correspondant plus que le second à un échange entre les partenaires, ce qui, dans le contexte contemporain valorisant la communication, donne au baiser un rôle fondamental. Cette préférence est probablement liée à l'image à la fois masculine-pénétrante et féminine-réceptrice de cette caresse, une image plus égalitaire malgré sa charge d'agressivité[12]:

> «*C'est à cause de l'image probablement, tu rentres un peu dans l'autre. Dans la pénétration c'est dans un sens mais dans le baiser c'est plus un échange.*» (Étudiante québécoise)

Les craintes du baiser

> Baisers, baves d'amour, basses béatitudes,
> Ô mouvements marins des amants confondus.

> Paul Valéry, *Album des vers anciens*, Air de Sémiramis

Seule une personne nous a spontanément parlé de ses craintes, les associant à des situations de manque de désir et d'amour, manques qui font naître dégoût et inquiétudes hygiéniques. En effet, la majorité des étudiants affirment de prime abord ne pas avoir d'inquiétudes face au baiser et les relient à des cas pathologiques. Mais après

11. Un texte de Pétrone cité dans le premier chapitre illustre cette conception dont nous retrouvons les traces dans la Rome antique.
12. Cette agressivité, qui se vit comme un envahissement de l'autre, participe d'ailleurs à rendre le baiser érotique.

réflexion, ils avouent en avoir ressenti lors des premières expériences ainsi que dans certaines situations. Ces contextes facilitateurs sont créés par un sentiment d'obligation et un sentiment d'insécurité. Lorsqu'ils se sentent contraints à embrasser ou qu'ils n'en ressentent pas le désir, de même que lorsqu'ils ne connaissent pas le partenaire ou qu'ils désirent le séduire, les étudiants interrogés manifestent plus d'inquiétudes.

Hormis les craintes sur le savoir-faire, qui touchent essentiellement les jeunes adolescents, comme nous l'avons vu précédemment, les questions hygiéniques prédominent. L'hygiène buccale, un bouton, la mauvaise haleine ou attraper une maladie comme l'herpès inquiètent les participants. Notons cependant que nous n'avons pas retrouvé de craintes associées au sida et que cette maladie ne semble pas influencer les comportements de baiser des étudiants.

D'autres supportent mal la proximité physique et émotionnelle du baiser et la craignent. Ces craintes peuvent être associées à un évitement de l'intimité: la peur de partager, de se dévoiler, de se fondre en l'autre ou celle de l'intrusion. Certaines peuvent même être d'ordre magique, comme celles qu'évoque un jeune homme suisse en parlant de vampirisme:

> «Ces craintes sont liées à la peur de boire l'âme de l'autre, de prendre possession de l'autre et de franchir un pas sans plus pouvoir s'arrêter.»

L'idée de se laisser emporter, d'aller trop loin dans le rapprochement et l'intimité, rejoint une autre peur: celle de trop se révéler.

> «De se livrer, car on livre une partie sur nous dans le baiser. On a de la peine à ouvrir la bouche car c'est comme si on nous voyait l'intérieur et les pensées, tout, tout ce qu'on a de caché à l'intérieur.» (Étudiant suisse)

D'autres enfin, craignent d'être déçus ou de montrer par le baiser un changement dans leurs sentiments envers leur partenaire, ce qui rejoint la symbolique d'un geste révélateur des véritables sentiments.

Ces inquiétudes qui se résument en quatre types: savoir-faire, maladies, proximité émotionnelle ou physique et hygiène buccale, ne sont cependant pas prédominantes et varient légèrement selon les groupes sociodémographiques. Les femmes expriment plus de craintes que les hommes lorsqu'elles éprouvent un sentiment d'insécurité et les Québécois s'inquiètent davantage de l'hygiène buccale et sont plus sensibles aux sentiments d'obligation que les Suisses. Dans des contextes d'insécurité, les plus jeunes ressentent plus de craintes que les plus âgés. Par contre, l'amour semble immuniser: les personnes qui vivent une relation amoureuse manifestent moins de craintes liées au savoir-faire, aux maladies et à la proximité physique et émotionnelle.

Baiser et relation de couple

> Cet oreiller, dans les nuits folles,
> A vu dormir nos fronts unis,
> Et sous le drap noir des gondoles
> Compté nos baisers infinis.
>
> Théophile Gautier, *Émaux et camées*,
> Coquetterie posthume

Vivre ou non une relation amoureuse module la manière dont les étudiants conçoivent le baiser. Ceux qui vivent une relation amoureuse montrent en effet des représentations plus positives, plus hédonistes (appréciant plus tous les types de baiser) ainsi que moins de craintes. Ils sont aussi plus en accord avec toutes les représentations ayant une valence positive, que ce soit l'érotisme, la communication ou l'amour.

En ce qui concerne le rôle et l'importance du baiser dans la relation de couple, les réponses ont été assez univoques: il est essentiel au maintien d'une relation amoureuse, sans baiser – pas d'amour et donc, pas de relation de couple. Il scelle une nouvelle relation et la reconfirme en rassurant sur sa solidité et son authenticité.

Dans le couple, le baiser prend trois principales significations. Il représente tout d'abord une façon de se rapprocher en permettant une intimité physique et émotionnelle, il renouvelle l'affection entre les partenaires. Il est vécu comme une forme d'échange essentiel au maintien de la relation de couple. Notons que les femmes sont plus nombreuses que les hommes à préférer cette signification. Il prouve ensuite le désir sexuel, l'allume et fonde sa réalité. Il est enfin une manière de dire son amour en rassurant sur les sentiments de l'autre et en permettant de lui dire qu'on l'aime. Il est la preuve de l'amour.

La grande majorité des répondants embrassent souvent, qu'ils se déclarent ou non être dans une relation de couple, et le contexte le plus propice à cette gestuelle est la relation sexuelle, puisque seulement un pour cent des personnes disent ne jamais s'embrasser en faisant l'amour. Les jeunes adultes se disent également satisfaits des baisers échangés dans leur couple, tant en quantité qu'en qualité.

Fréquence et satisfaction des baisers dans le couple

87 % des répondants embrassent souvent.

Lorsqu'ils font l'amour:

57 % s'embrassent toujours
32 % souvent
moins de 1 % ne s'embrassent jamais.

La satisfaction:

Êtes-vous satisfait de la fréquence des baisers dans votre couple?

40 % se disent très satisfaits
45 % se disent assez satisfaits
3 % ne le sont pas du tout.

Êtes-vous satisfait de la manière dont votre partenaire vous embrasse?

54 % se disent très satisfaits
37 % sont assez satisfaits
1 % sont peu ou pas satisfaits.

La place du baiser dans la dynamique de couple suggère par ailleurs qu'il perd de son importance avec le temps. Pour la majorité, il était plus passionné au début de la relation et sa fréquence a baissé avec le temps. Bon nombre, 57 pour cent, pensent qu'il agit comme un révélateur de l'évolution du couple. Il suit ainsi les hauts et les bas des amours, plus passionné et fréquent dans les moments d'harmonie, plus rare et sec lorsque l'intimité se fragilise. Pourtant, les prospectives sont positives puisque les répondants considèrent qu'ils s'échangeront encore assez souvent des baisers dans 10 ou 15 ans.

> ## Évaluation et pronostics sur l'évolution du baiser dans le couple:
>
> **Que pensent les jeunes adultes?**
>
> Pour 61 % le baiser est plus passionné au début de la relation
> 45 % il est échangé de moins en moins fréquemment
> 40 % il s'améliore avec le temps
> 57 % il sert d'indicateur de l'entente du couple
>
> Quelle que soit son évolution, le baiser change avec le temps, c'est l'avis de 60 % des personnes interrogées.

Le regard des autres

Parallèlement aux connotations d'intimité et de communication dans le couple, le baiser s'inscrit dans un espace sociétal qui affecte ses significations. Celui-ci est tantôt perçu comme un langage dont le sens est partagé au sein du groupe, tantôt dépendant des convenances sociales, ou même utilisé comme une marque socialement signifiante. Le baiser comme langage partagé renvoie à deux dimensions: il est à la fois un geste social dont les formes sont reconnues par un groupe et un acte plus idiosyncratique dont l'expression s'élabore avec le temps et se construit dans une relation.

Les convenances sociales, abordées par la plupart des étudiants, ne sont pas étrangères à cette expression et sont associées aux échanges de *French kisses* en public. Si la majorité d'entre eux disent ne pas tenir beaucoup compte des convenances et du regard des autres, certains avouent tout de même y être sensibles. La plupart considèrent cependant qu'il est peu convenable d'embrasser des personnes avec qui ils n'entretiennent pas de relation privilégiée. Les Québécois semblent être d'ailleurs plus préoccupés par les convenances que les Suisses. Ils sont aussi plus réticents à s'embrasser en public et mettent davantage l'accent sur l'aspect intime. Ils réservent ce geste au domaine privé.

Le baiser sert également à différencier les individus en fonction des relations et des rapports de proximité émotionnelle. Il permet de tracer la limite entre les amitiés, entre les groupes, entre les intimités. Marque sociale, il scelle le début d'une relation, signifie l'engagement, ou tout simplement affiche la relation comme étant publique et officielle.

Mais cet usage social tend aujourd'hui à devenir ambigu et informel. Plusieurs personnes interrogées déplorent le manque de consensus social et l'équivocité qui prévaut. Cette perte du consensus trahit pourtant une évolution des représentations du baiser en accord avec une évolution des mœurs plus générale, avec une perte des référents stables et institutionnalisés souvent dénoncée.

Hommes et femmes

Les représentations des hommes et des femmes se ressemblent souvent, mais quelques éléments les distinguent. Les femmes privilégient ainsi les dimensions symboliques et relationnelles. Elles accordent également plus d'importance aux différents modes sensoriels en jeu dans le baiser: le goût, l'odorat, le toucher, la vue; par ailleurs leurs sensations physiques sont plus modulables, plus sensibles à des problèmes relationnels ou individuels. Quant aux hommes, ils sont plus enclins à préférer les baisers profonds et disent avoir plus envie de faire l'amour lors d'un *French kiss*. Ces différences confortent les principaux stéréotypes de genre: l'érotisation de la romance chez les femmes et celle du plaisir chez les hommes[13].

Les convergences sont cependant remarquables. Les sensations physiques que le baiser engendre semblent

---

13. REISS, I.L. *Journey Into Sexuality and Exploratory Voyage*, New Jersey, Engle Wood Cliffs, 1986.

similaires pour les deux genres. De même, les représentations négatives ainsi que les craintes ou la perception des
convenances sociales ne varient pas dans ces deux
groupes, excepté lorsqu'un sentiment d'insécurité est présent, auquel cas les femmes se montrent plus inquiètes
que les hommes, tout comme lors du premier baiser.

Conclusions

Deux registres transparaissent dans le vocabulaire
utilisé pour décrire les représentations du baiser, les registres relationnel et symbolique qui trahissent ainsi à la fois
la continuité et la rupture avec les thèmes majeurs qui ont
marqué son histoire occidentale. L'homologie entre les significations d'hier et d'aujourd'hui survit notamment sur
le plan des représentations symboliques : le baiser symbole
d'amour, vecteur d'échange des âmes, preuve et transparence, fusion et pénétration. Ces mêmes contenus repré-
sentationnels sont aussi exprimés dans un discours
contemporain psychologisant qui met l'emphase sur la
communication du couple : geste d'amour, contact intime,
profonde communication non-verbale, érotisme.

Si le point d'ancrage de ces différentes significations
est l'amour, si c'est lui qui génère et intègre les autres significations, c'est aujourd'hui l'érotisme qui reflète mieux
les représentations du baiser. Celui-ci est «amour», mais il
est surtout séduction, désir, rapprochement des corps, sensualité et sensations. Le baiser sur la bouche n'a rien d'innocent, il annonce ou trahit un désir physique, une
recherche sensuelle et sexuelle. Il symbolise la fusion,
rêvée et évanescente, union des corps et des cœurs. Image
fusionnelle d'un désir amoureux, il est la première étape
dans le processus de séduction. Préliminaire et source
d'excitation, il aide à amplifier cette fonction érotique, associée à un large registre de sensations physiques (qui
vont de la détente à une excitation proche de l'orgasme).

Associant étroitement le baiser à la tendresse et à la douceur, ces représentations évacuent le registre de la violence, de la transgression et de la mort, si fort dans la littérature romantique. Elles dessinent les contours d'un érotisme de tendres voluptés. De plus, le baiser, de par sa symbolique et sa réalité corporelle, sert de pont entre les différentes dimensions de la sexualité (relationnelle, corporel, communication, plaisir). Il contribue à intellectualiser, à humaniser l'érotisme, une thématique proche des préoccupations des mondes romain et arabe. Dans cette même perspective, le baiser ayant comme lieu le visage se situe proche de l'âme, des pensées et des sentiments et réactive ainsi un vaste système symbolique.

La richesse des représentations contemporaines du baiser semble donc s'étayer sur une pluralité de référents[14]. Capable de polymorphisme mais connoté essentiellement positivement, il ne semble pas être source de craintes ou de tensions remarquables, ce qui ne signifie pas qu'il soit devenu un geste banal. Au contraire, il continue de signifier l'établissement d'une proximité, d'une relation qui se veut totale en opérant une fusion entre les différentes composantes qui interviennent dans la dynamique du couple moderne. Geste engageant l'exclusivité de la relation, il n'en demeure pas moins marqué à certains égards par des conceptions différenciées entre hommes et femmes, les représentations de ces dernières étant plus empreintes de références aux dimensions amoureuses, communicationelles et symboliques.

---

14. Notons toutefois que la polysémie du baiser n'est pas une caractéristique contemporaine, Carré la note dans son étude sur le Moyen Âge (Carré, 1992, *op. cit.*, p. 91).

Associations d'idées

Les champs sémantiques du baiser

Liste des mots spontanément associés au terme «baiser» par 370 étudiants.

Les mots les plus couramment associés sont donnés entre parenthèses sous forme de pourcentage.

Amour et sentiments:	amour – amoureux (30 %)[15], cœur, cœur qui chatouille, passion (7,5 %), romantique, sentiment (7,5 %), émotion (3 %), sensibilité.
Tendresse:	tendresse – tendre (30 %), douceur – doux (15 %), affection – affectueux (7,5 %).
Partage avec l'autre:	partage (10 %), partage d'un moment, échange (3,5 %), offrande, compassion, compréhension, simultanéité, communication, message, attention, union profonde, union, proximité, proche, intimité (6 %), complicité (3,5 %), secret, confidence.
Relation à deux:	couple, deux, relation, copain, femme, l'autre, appartenance, possession.
Sensualité:	sensualité – sensuel (15 %), sensation, frisson, électrisant, torride, chaleur – chaud (6 %), suave, onctueux, volupté, pulpeux, langoureux.

---

15. Les pourcentages indiqués dans ce tableau sont approximatifs. Les mots ayant été proposés 10 fois ou moins n'ont pas d'indication de leur occurrence.

Sexualité – *Érotisme:*	envie, désir (3,5 %), pulsion, besoin, attirance, attraction, attraction physique, érotisme-érotique (3,5 %), sexe-sexualité (6 %), euphémisme de l'acte sexuel, baiser, préliminaire, pénétration, érection, plaisir (7,5 %).
Contact corporel:	étreinte, enlacement, câlin, contact, toucher, caresse, texture de la peau.
Anatomie et humeurs corporelles:	visage, lèvres (6 %), bouche (9 %), langue, souffle, salive, humide – mouillé – moiteur (3,5 %).
Amusement:	rigolo, jeux, fantaisie, amusement.
Morale:	fidélité, exclusivité, allégeance, confiance, respect, responsabilité, amitié, bonté, bonheur.
Métaphore alimentaire:	manger, saveur, goût, sucré, miel, sucrerie, délice, chocolat.
Arts, fleurs et couleurs:	Rodin, musique, L'*Amant de Duras*, parfum, corolle, pétale, rouge, rose, rouge à lèvres.
Mouvement – Intensité:	mouvement, force, intensité, énergie, brusquerie, sauvage, mélange.
Côté obscur – transgression:	rudesse, obscur, défendu, alcool.
Calme:	détente, silence, confort, réconfort.
Recherche du sens:	sens, sensation d'existence, découverte, émancipation, jeunesse.

CHAPITRE V

Cyberbaisers

Des lèvres chaudes et humides à l'écran froid et sec de l'ordinateur, la distance semble infranchissable. Absents les petits frissons, les battements de cœur accélérés, la tête qui tourne un peu, la mollesse et la chaleur, la communication et le partage d'un sentiment amoureux. C'est plutôt l'embarras du choix qui se présente au cybernaute. À l'instar des autres dimensions de la sexualité[1] le baiser occupe une place significative dans le cyberespace, dimension nouvelle qui introduit[2] une transformation dans le paradigme culturel, avec le passage d'un modèle moderniste du calcul à un modèle post-moderniste de la simulation. De ce fait, Internet constitue un laboratoire dans lequel il est possible d'expérimenter de nouvelles expressions du soi, les créant et les recréant à volonté dans cet espace virtuel où la communication passe par l'abstraction et l'imaginaire. Nous explorerons quelques-uns des sites qui ont été récoltés en faisant une recherche avec le simple mot: baiser.

---

1. CACCIA, F. *Cybersexe. Les connexions dangereuses*, Montréal, Boréal, 1995.
2. TURKLE, L. *Life on the Screen: Identity in the Age of the Internet*, New York, Simon and Schuster, 1995.

Le site http://www.cyberians.or/icq/kiss.html en répertorie près d'une quarantaine d'autres qui font appel à différentes formes d'interactivité, auxquels s'ajoutent adresses et hyperliens. Certains veulent permettre aux jeunes et aux moins jeunes de réaliser les rêves les plus intimes qui hantent leur imaginaire.

Voulez-vous embrasser Leonardo Di Caprio, l'acteur vedette du film Titanic et de la plus récente version hollywoodienne de Roméo et Juliette? Rien de plus facile! Tapez http://www.geocities.com/Area51/Lair/8379/leo/leo11_kiss.html et cliquez. Une photo couleur de Léonardo offrira sa moue à la fois pulpeuse et ennuyée, que vous pourrez embrasser par l'intermédiaire de la souris. Une fois ce baiser consommé, un autre click fait apparaître un message dans les teintes de rose qui vous dit: «merci de vous être arrêtés, j'espère que vous avez eu du plaisir!» D'autres images à embrasser de l'acteur sont également disponibles et vous pourrez signer le livre d'or, y laisser un message ou feuilleter les commentaires laissés par d'autres cybernautes enamourés.

http://lemon.rainbow.net.au/fabfanny/hugh/hugh2_frames.html, le site du kiosque à baisers de Hugh Grant, propose, suite à l'envoi d'une photo du cybernaute dans la pose de son choix (bouche en gros plan ou toute autre partie du corps), de la fusionner sur une photo de l'acteur, créant ainsi une sorte de chimère réaliste, de souvenir factice. Le tout bien sûr pour une somme variant selon la grandeur de la photo.

Des kiosques à baiser où l'on embrasse des personnes anonymes sont aussi disponibles. Ainsi http://www.virtualkissingbooth.com// permet d'accéder à quelques dizaines de photos de jeunes hommes ou de jeunes femmes qui se présentent aux cybernautes. Il est possible de participer à ce site en envoyant sa propre photo qui rejoindra la galerie des portraits proposés.

D'autres sites éliminent toute référence à la personne, même anonyme, pour se limiter à des lèvres en mouvement qu'il s'agit d'embrasser, comme sur le site http://members.tripod.com/~ultimatekisser/, qui permet d'évaluer ses capacités dans ce domaine. Il est possible aussi d'écouter le son de différentes sortes de baiser: *French-kiss, cyberkiss*, baiser profond à l'anglaise, ou baiser à l'italienne, dans le site suivant: http://www.Seduction-Palace.com/smooch/smooch3.wav.

Mais comment interpréter toutes les embrassades, où le fond de l'étang du Narcisse postmoderne est remplacé par un vide virtuel sans réelle communication avec un Autre? Nouvelle forme qui agit comme une rupture dans la pratique du baiser qui ne pouvait se jouer qu'entre deux personnes reliées dans leur corps et dans leur âme. Mais en cassant la relation à un Autre qui était une dimension fondatrice de ce geste, le baiser virtuel isole l'embrasseur dans sa sphère, à la fois séparé et relié au monde par un écran et une souris.

Un second ensemble de sites tente de contourner ce problème en utilisant le baiser comme vecteur électronique des sentiments d'amour ou d'amitié. En se branchant, par exemple, sur http://www.hugkiss.com/Acecard/A_Kiss.html, il est possible d'envoyer un baiser, symbolisé par des lèvres en mouvement, à la personne de son choix. Le site http://www.thekiss.com/ EKiss/ rejoint ce principe et permet de choisir soit une carte contenant un baiser déjà préparé dans une liste d'une trentaine de possibilités, soit de construire de façon autonome son propre baiser électronique. Il vous suffira de choisir sa forme, sa couleur et sa texture. http://www. 123greetings.com/special/kiss/ présente un ensemble de cartes humoristiques animées (bouches, caricatures, animaux) accompagnées de messages mettant en relief un baiser. Ces sites, tout en personnalisant quelque peu les messages, standardisent l'expression du baiser selon des modèles prédéfinis. Le site http://www.thekiss.com/valentine/cupidgame.asp, quant à lui, se spécialise dans la célébration de la Saint-Valentin. Pour ce jour des amoureux il permet d'embrasser, ou au contraire, de massacrer un cupidon selon l'humeur...

Le cyberespace ne se limite cependant pas à cette fonction de simulation ou de communication interpersonnelle. Il peut également servir de moyen de socialisation et d'éducation dans l'art du baiser. Source de conseils, il joue ainsi un rôle important dans le modelage des attitudes et comportements face au baiser. Le site http://www.numberpower.com/kissing.html établit votre propre style de baiser en recourant à la numérologie (calculs en fonction de la date de naissance). Les deux sites suivant offrent des témoignages de premiers baisers: http://www.virtualkiss.com/interaction/firstkiss/3.asp et http://www.kissing.hypermart.net/firstkiss.html. Il décrivent le contexte, le partenaire et les sentiments accompagnant cette expérience. La structure narrative de plusieurs de ces récits, essentiellement écrits par des jeunes femmes, n'est pas sans ressemblances avec celle des romans roses d'ailleurs.

D'autres sites ont des vocations directement éducatives et informatives. Ils sont généralement gérés par des universités. C'est le cas d'Elysa, un site québécois francophone[3] http://www.unitesuqam.ca/~dsexo/elysa.htm et d'Alice http://www.goaskalice.columbia. edu/1216. html. Orientées vers l'éducation sexuelle et la santé, ils donnent des conseils sur les techniques et la place du baiser dans le développement de la sexualité. Les conseils

---

3.   Un service conseil en anglais est maintenant disponible.

peuvent aussi être plus directs en proposant un ensemble de méthodes visant à améliorer l'expression de ce geste. Ainsi le site http://www.kissingbooth.com/kiss.html offre des conseils de base (comment respirer, humidifier ses lèvres, se placer et comment offrir ses lèvres) et sur ses variations. Dans une perspective plus ample, http://pages.hotbotcom/family/frenchkiss/fkp.html fait preuve d'une imagination débordante en proposant 365 modalités de *French kiss* dans des contextes divers (en camping, sous la pluie, en simulation de plongée sous-marine, etc.) et avec des ingrédients divers (glace, électricité statique, bonbons, chocolat, code morse, etc.). Cette approche rejoint celle de William Cane[4] qui, dans son ouvrage *The art of kissing*, vanté d'ailleurs sur Internet, fait une compilation des diverses formes de baisers. Ainsi, à côté des ceux que l'on pourrait qualifier d'anatomiques (sur les lèvres, sur les yeux, les oreilles, etc.), on retrouve des baisers basés sur des techniques particulières (baiser mordant, glissant, humide, parfumé, etc.) ou des métaphores inspirées par la technologie contemporaine (baiser électrique, lip-o-suction), ainsi que des contextes ou des positions originales (sous l'eau, en public, en musique, etc.). Il suggère des techniques spécifiques visant à amplifier le plaisir et donne des conseils variés portant sur l'initiation du baiser, sa durée, les positions du corps et les règles d'usage.

L'adresse http://www.rom101.com/kissgloss.htm #gkiss explore les techniques du baiser avec humour. Il suggère par exemple l'expérience du *baiser parlant* où l'on glisse des mots tendres dans la bouche du partenaire. Et si l'on est pris en flagrant délit, on peut toujours répondre, le plus innocemment du monde comme le fit Chico Marx: «Je ne l'embrassais pas, je murmurais dans sa bouche.»

---

4.   CANE, W. *The Art of Kissing*, New York, St. Martin's Griffin, 1995.

Si les arts du baiser n'ont pas grande presse dans notre culture, le réseau Internet leur laisse par contre une large place. Cette résurgence de l'intérêt pour l'érotique du baiser est-elle un indice de préoccupations liées à la technique, à la performance ou une réappropriation d'un art oublié? Doit-on y voir un nouvel avatar du contrôle de la sexualité ou bien, au contraire, une ouverture vers la créativité érotique? Il est malaisé de répondre clairement à cette question. On peut cependant y dénoter une tentative de formaliser un savoir faire, une activité qui, jusque là, obéissait plutôt à l'inspiration du moment. Ces sites répondent peut-être également aux inquiétudes d'adolescents de plus en plus nombreux sur le net.

Conjointement à cette fonction éducative, les sites sur le baiser offrent une source irremplaçable d'informations écrites ou iconographiques. Ainsi, le site http://membres. tripod.fr/baiser/index.html permet d'accéder à des liens portant sur le baiser dans les arts et la littérature, dans les sociétés et leur histoire. Il constitue un bon exemple d'intégration des différentes modalités de l'étude de cette gestuelle. Il est aussi possible d'admirer de classiques photographies de baiser, comme celles de Doisneau, ainsi que les reproductions de tableaux anciens et contemporains. Les sites poétiques en langue française ou anglaise permettent également de situer le baiser dans l'histoire littéraire et d'en faire une étude précise (par exemple http:// pœsie.webnet.fr/ ou http://library.utoronto.caétbin/ reptiles). De même, les ressources littéraires, comme le Trésor de la Langue Française (http://www.unites. uqam.ca/bib/bases/ARTFL.html), offrent un vaste panorama de textes digitalisés (romans, poésies, lettres, etc.), du Moyen Âge à la période contemporaine.

Les réseaux virtuels contribuent sans doute, par le partage des expériences d'individus vivant dans des communautés aux horizons différents, à une convergence dans les attentes et les significations du baiser. Néanmoins, le cyberespace reste encore limité quant à l'exploration du baiser comparativement à ce que la réalité virtuelle, en voie de développement, pourra présenter comme défis. Celle-ci permettra peut-être un jour d'expérimenter des formes d'érotisme physique, sans la présence d'un partenaire. Mais ces explorateurs se fermeront-ils sur eux-mêmes dans une autarcie fantasmatique, forme ultime de narcissisme, ou bien trouveront-ils dans ces univers un lieu de ressourcement partagé et de baisers amplifiés? Chose certaine, ce geste continuera de susciter de nouvelles métaphores qui reflèteront les formes émergentes du cyber-érotisme.

Conclusion

La culture contemporaine impose au baiser des formes et des significations particulières mettant principalement l'accent sur l'érotisme, la tendresse et la communication. La traduction du symbolisme en des termes relationnels et l'évidence des rituels sacrés disparue laissent place à des manifestations plus intimes – sans pour autant être toujours privées. Métaphore de la relation amoureuse, le baiser joue un rôle clé dans la «mythologie actuelle». Dans une culture du *cocooning*, du «bonheur pour tous» et de la «communication», dans un système de valeurs qui promeut l'intimité et la relation amoureuse au rang d'idéaux, le baiser fonctionne comme un slogan, une incarnation des désirs et des plaisirs.

Du premier baiser des adolescents aux affiches publicitaires, en passant par le cinéma et les romans, le baiser habite nos murs comme nos représentations. Il continue ainsi à remplir une fonction sociale, voir rituelle, plus individualisée certes, mais significative. Ainsi, il apparaît que les modalités contemporaines du baiser rejoignent les éléments majeurs du rite profane, tels que Rivière[1] les a mis en évidence. Le baiser, comme nous l'avons vu, est une conduite codifiée, considérée comme «sexuelle et amoureuse», ayant un support corporel dans lequel et par lequel les sensations physiques et le plaisir s'expriment. L'odeur et le goût de l'autre, le toucher des lèvres et des langues emportent les amants dans des frissons, des sensations de chaleur et de mollesse qui traduisent une excitation sexuelle. De plus, la pratique du baiser possède des éléments de répétition. Elle le situe en effet dans une succession d'événements, que ce soit dans la séduction amoureuse ou dans la rencontre corporelle, dans lesquelles il marque une étape. Au delà du signe, il est également sens : sa forte charge symbolique plurisémique évoque à la fois le registre de l'amour, de l'échange des âmes, de la preuve et de la fusion. L'efficacité du baiser est d'ailleurs dépendante de cette charge symbolique et dépasse ses déterminants strictement empiriques. En effet, les émois qu'il provoque ne s'expliquent pas uniquement par son support anatomique, par le pouvoir érogène de la bouche, mais également par ce qu'il dit, par ce qu'il concrétise. Et finalement, le baiser s'insère et obéit dans son sens et dans sa forme à un ensemble de règles et de valeurs socialement déterminées. Ses expériences et ses représentations sont ainsi en partie modulées par les modes de socialisation différenciés qui interviennent dans les scénarios sexuels des hommes et des femmes, par les contraintes socioculturelles ainsi que par l'intégration de l'expérience du baiser dans la dynamique personnelle liée à l'âge, aux croyances religieuses et à la vie amoureuse. Ainsi les premiers baisers, le plus souvent essentiellement ludiques ou expérimentaux, vont acquérir des significations plus sexuelles avec le développement de l'individu.

---

1.   Rivière définit ainsi le rite profane : «Un ensemble de conduites individuelles ou collectives, relativement codifiées, ayant un support corporel (verbal, gestuel, postual), à caractère plus ou moins répétitif, à forte charge symbolique pour leurs acteurs et habituellement leurs témoins, fondées sur une adhésion mentale, éventuellement non conscientisée, à des valeurs relatives à des choix sociaux jugés importants, et dont l'efficacité attendue ne relève pas d'une logique purement empirique qui s'épuiserait dans l'instrumentalité technique du lien cause-effet», *op. cit.*, p. 11.

Ils vont devenir des gestes pluridimentionnels intégrant les différents aspects de la relation à l'Autre sexué: affection, tendresse, amour, communication, partage, érotisme, plaisir...

Historiquement et transculturellement, les représentations du baiser reflètent les valeurs dominantes des sociétés. Aujourd'hui, ces règles et ces valeurs prônent de façon évidente, à travers les médias, les films ou les romans, la centralité de la sexualité, de la relation amoureuse, de l'intimité et de la communication, et ce, en particulier dans une relation de couple exclusive. Cependant, comme le note Lipovetsky[2], cette fidélité...

> «traduit d'abord une aspiration individualiste à l'amour authentique sans mensonge ni "médiocrité"» À travers la fidélité, c'est la qualité de la vie et du relationnel qui se trouve sacralisée, là où personne n'est manipulé, trahi, considéré comme un jouet. La fidélité se place à présent du côté de la quête intensive des affects, non dans de la solennité des serments... Et aujourd'hui, l'excellence relationnelle signifie l'authenticité dans les affects, respect de la personne, engagement complet des êtres, fût-ce dans un temps déterminé: tout, mais pas toujours.»

Le baiser semble faire écho à ces exigences en réinterprétant les symboles et les significations qu'on lui accordait dans le passé. Le baiser, preuve de loyauté et révélateur des sentiments, permet la transparence essentielle à tout échange authentique, et s'il n'est plus le garant de la bonne foi, il est celui du «non-mensonge».

L'union des amants dans le baiser s'exprime aujourd'hui comme une profonde communication, et le souffle des âmes qui le parcourait se vit comme un échange non-verbal. Le discours s'est fait certes plus psychologique,

---

2. LIPOVETSKY, G. *Le crépuscule du devoir. L'Éthique indolore des nouveaux temps démocratiques*, Paris, Gallimard, 1992, p. 71.

existentiel et laïque, mais le fondement demeure analogue dans la mesure où le baiser permet de spiritualiser la rencontre, de lui donner un supplément d'humanité grâce au face à face intime qu'il implique. Il semble ainsi que la dynamique rituelle profane dans laquelle s'inscrit le baiser contemporain aurait la particularité d'être intime et privé, d'être un rite pour l'individu et son couple, un rite pour la qualité de vie et celle de la relation.

C'est cependant l'érotisme que le baiser évoque principalement, reflétant en cela l'amplification de sa sexualisation et de sa privatisation annoncées dès les derniers siècles du Moyen Âge, puis confirmées dans les siècles suivants. Cette érotisation poussée du baiser, forme renouvelée de la fusion des cœurs, présente cependant une rupture importante d'avec les modèles du passé. Il n'est plus associé à la mort, au tragique, à la rupture. La force métaphorique de ces thématiques semble être épuisée, alors qu'on aurait pu penser que le spectre du sida et des maladies transmises sexuellement aurait provoqué des craintes ou des préoccupations activant le rapport à la mort. Tendresse et douceur dominent au contraire et cet accent sur l'harmonie semble aussi être le reflet de valeurs aujourd'hui recherchées et dont le baiser est une des expressions.

Parallèlement, le baiser s'expérimente aujourd'hui dans de nouvelles modalités virtuelles. À l'instar d'autres activités à caractère érotique, le réseau Internet lui est ouvert. Ces expressions contemporaines posent cependant la question de la finalité de telles pratiques ainsi que celle de la définition du geste. Exacerbation d'un individualisme qui se nourrit des nouveautés informatiques ou reflet d'un vide existentiel, comment interpréter ces rapports à l'Autre sans Autre? Bien sûr, le baiser peut être envoyé, il peut probablement être également reçu, mais est-il véritablement échangé? Prisonnier du miroir de son écran, nouveau Narcisse, l'embrasseur internaute embrasse-t-il quelqu'un? Car le baiser n'est pas que symbole, il n'est pas qu'image et représentation, il est lèvres et langue, fluides et chaleur, chair, goût, odeur et sentiments. Le baiser demande un contact entre deux individualités incarnées, entre deux désirs qu'il matérialise et qu'il actualise dans un ici et maintenant.

> Serre-moi dans tes bras
> Embrasse-moi
> Embrasse-moi longtemps
> Embrasse-moi
> Plus tard il sera trop tard
> Notre vie c'est maintenant

Jacques Prévert, *Histoires*, Embrasse-moi

Achevé d'imprimer
sur les presses de l'Imprimerie Quebecor,
L'Éclaireur, Beauceville